あなたのアタマから嫌でもアイディアが飛び出してくる！

トニー・ブザン
田中 孝顕［訳］

THE POWER OF CREATIVE INTELLIGENCE

TONY BUZAN

きこ書房

Originally published in English by Thorsons,
a Division of HarperCollinsPublishers Ltd under the title:

THE POWER OF CREATIVE INTELLIGENCE
by Tony Buzan

Published by arrangement with HarperCollinsPublishers Ltd., London
through Tuttle-Mori Agency, Inc., Tokyo

「はじめに」の要約マインド・マップ

第1章の要約マインド・マップ

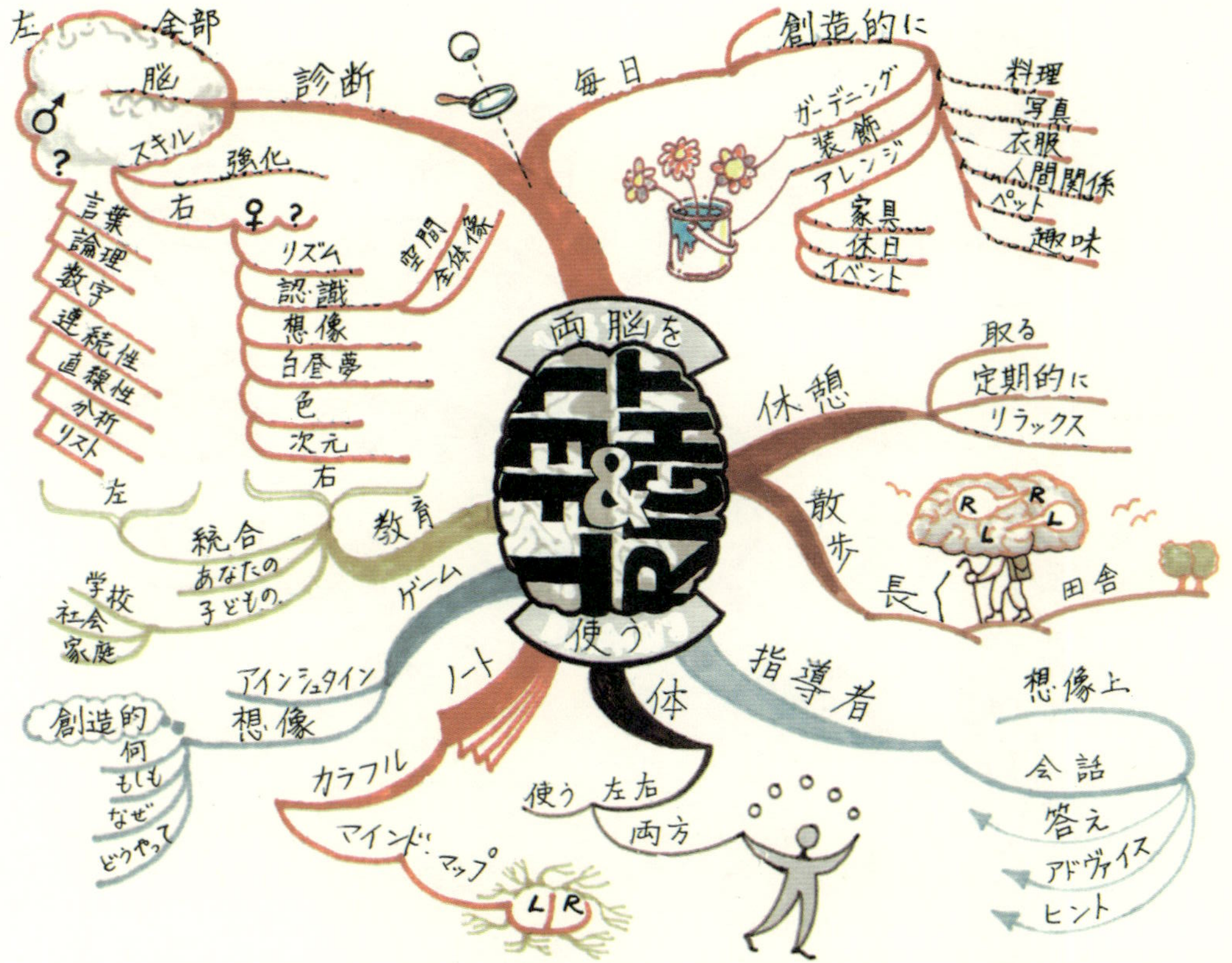

第2章の要約マインド・マップ

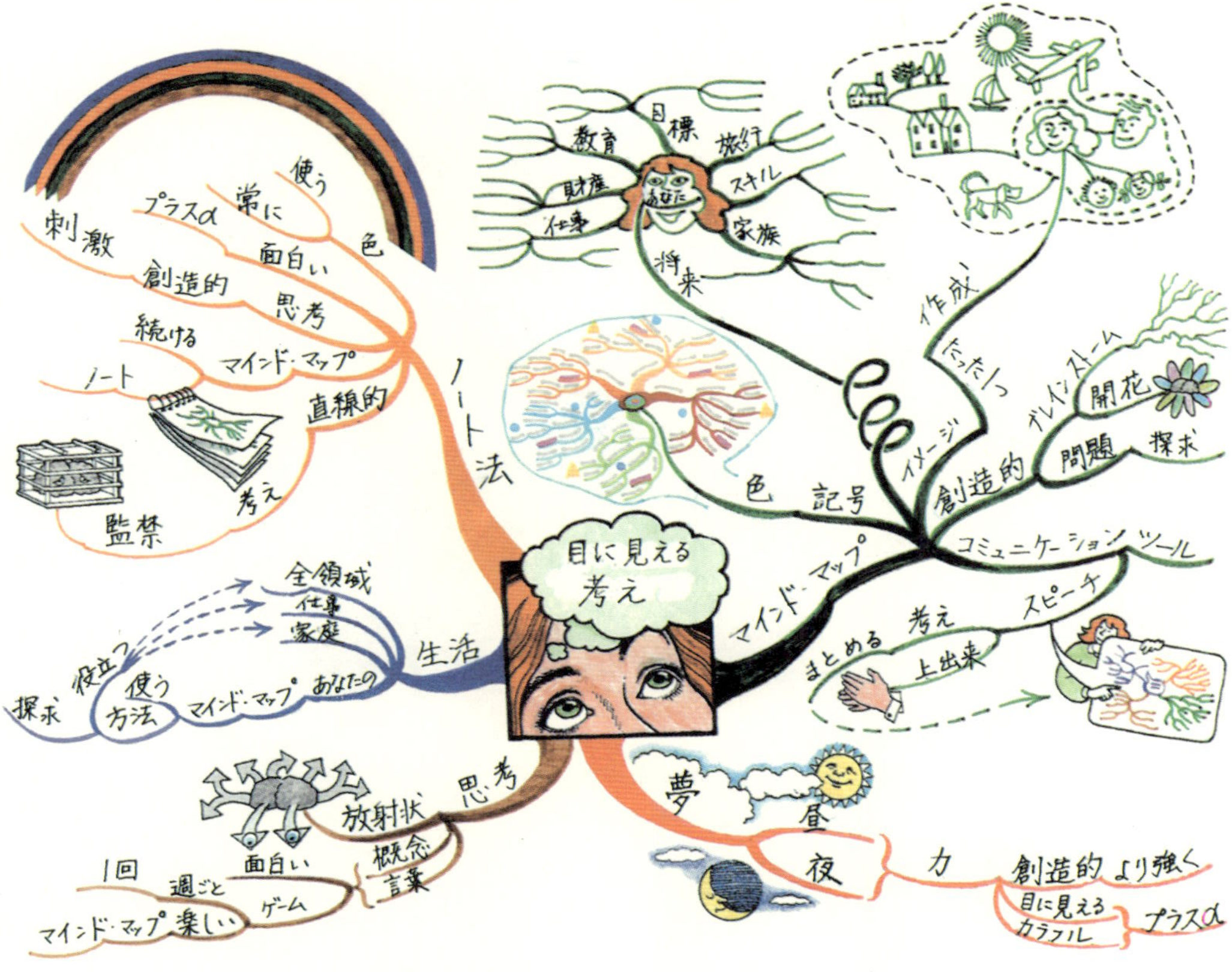

第3章の要約マインド・マップ

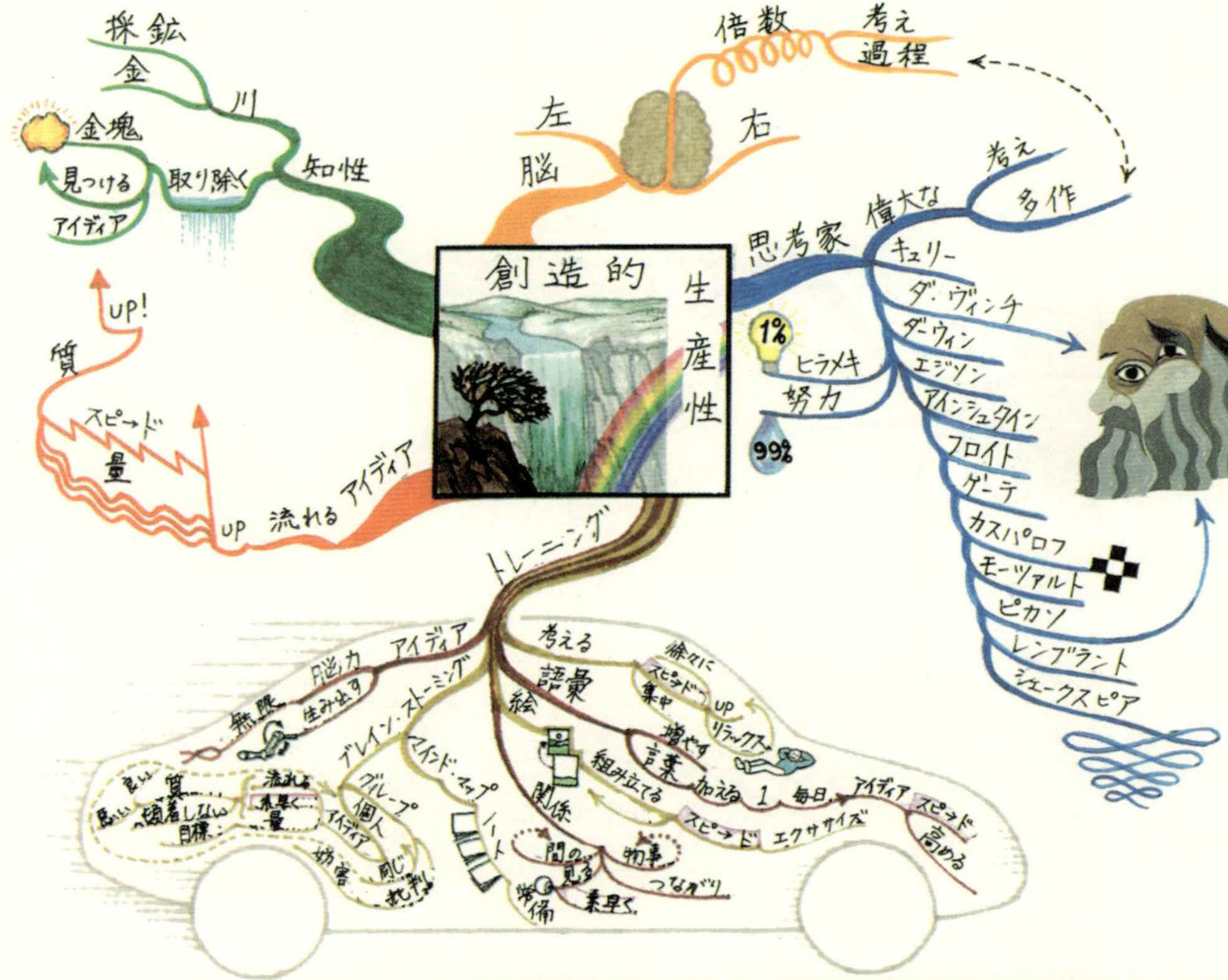

第4章の要約マインド・マップ

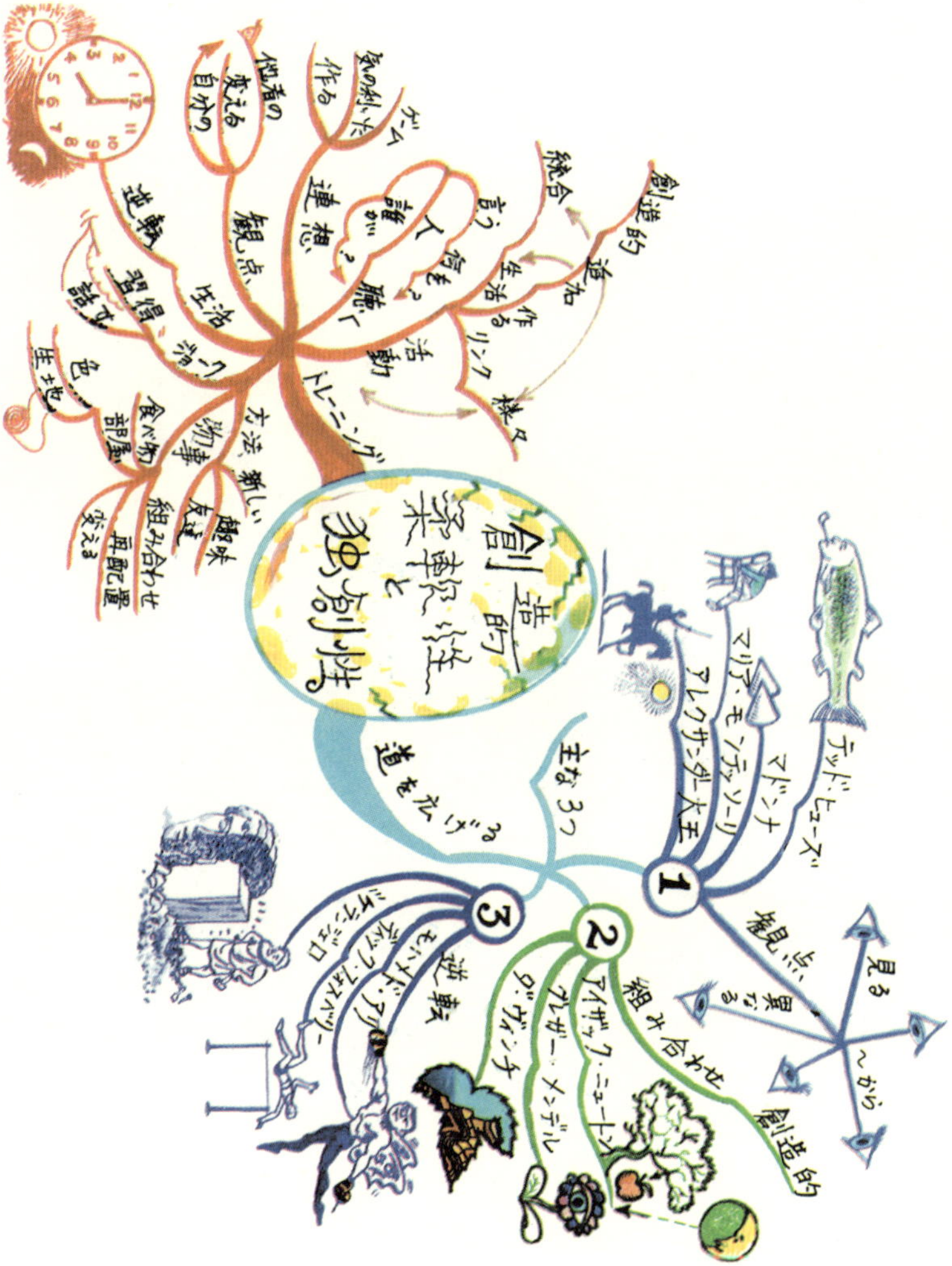

第5章の要約マインド・マップ

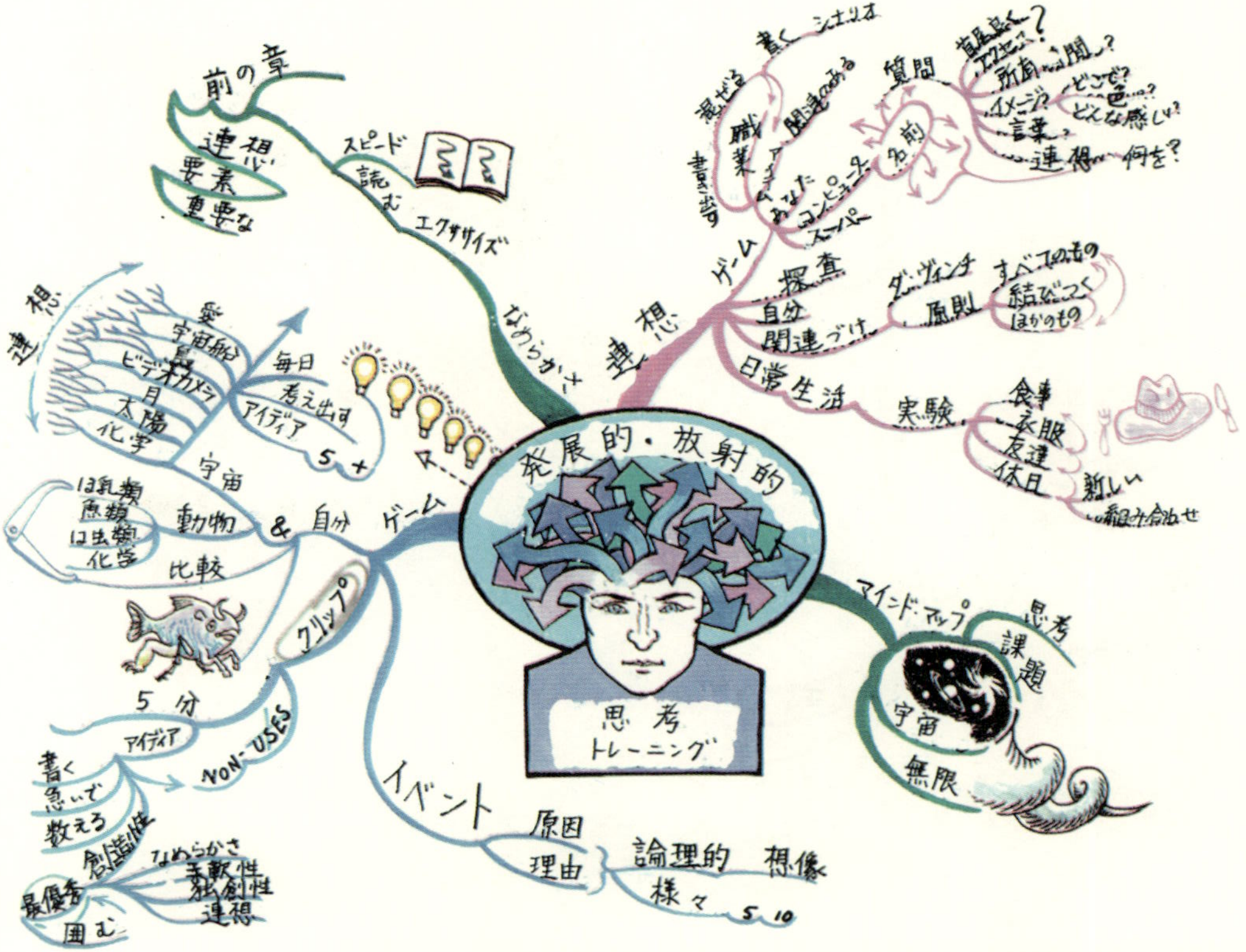

第8章の要約マインド・マップ

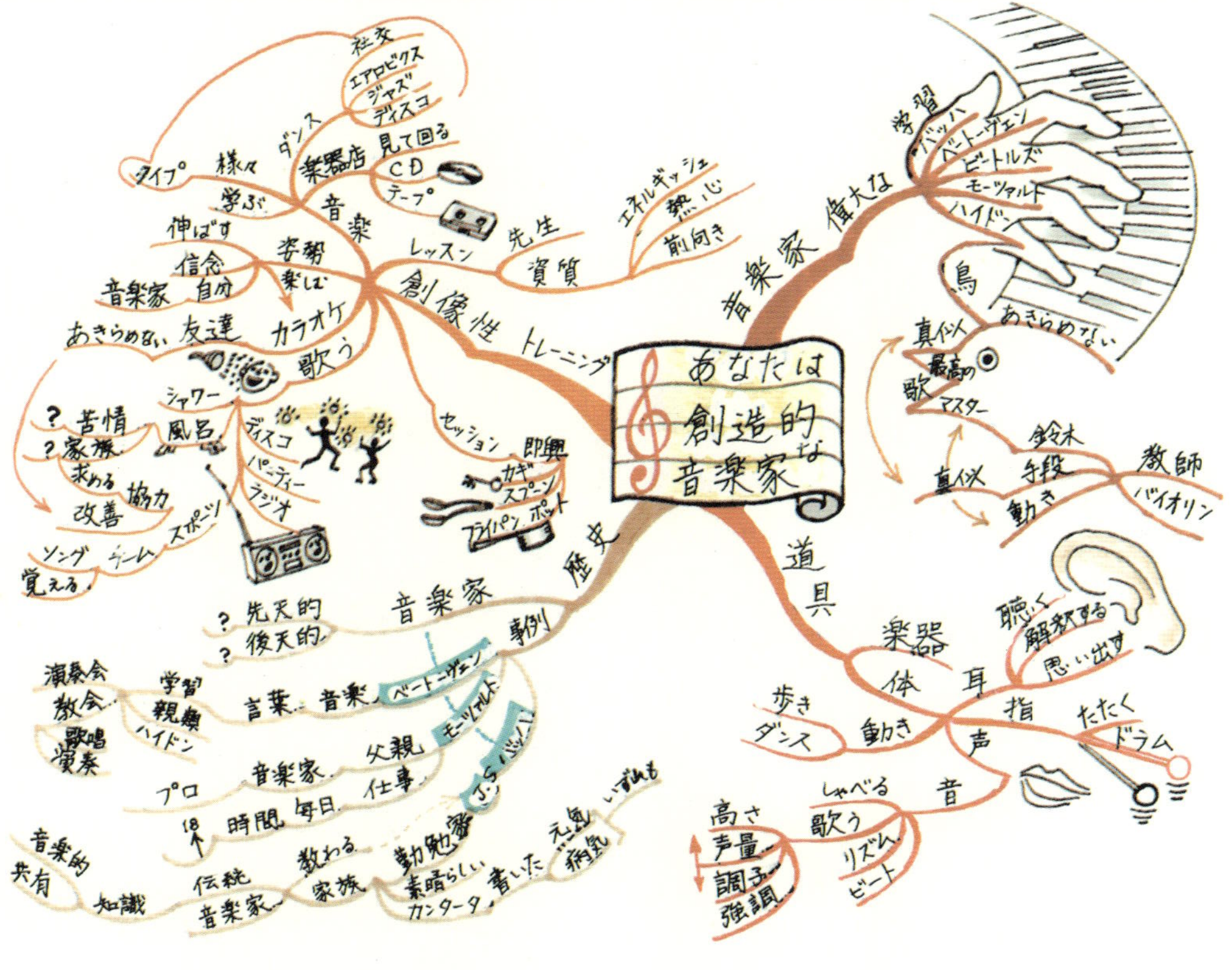

第9章の要約マインド・マップ

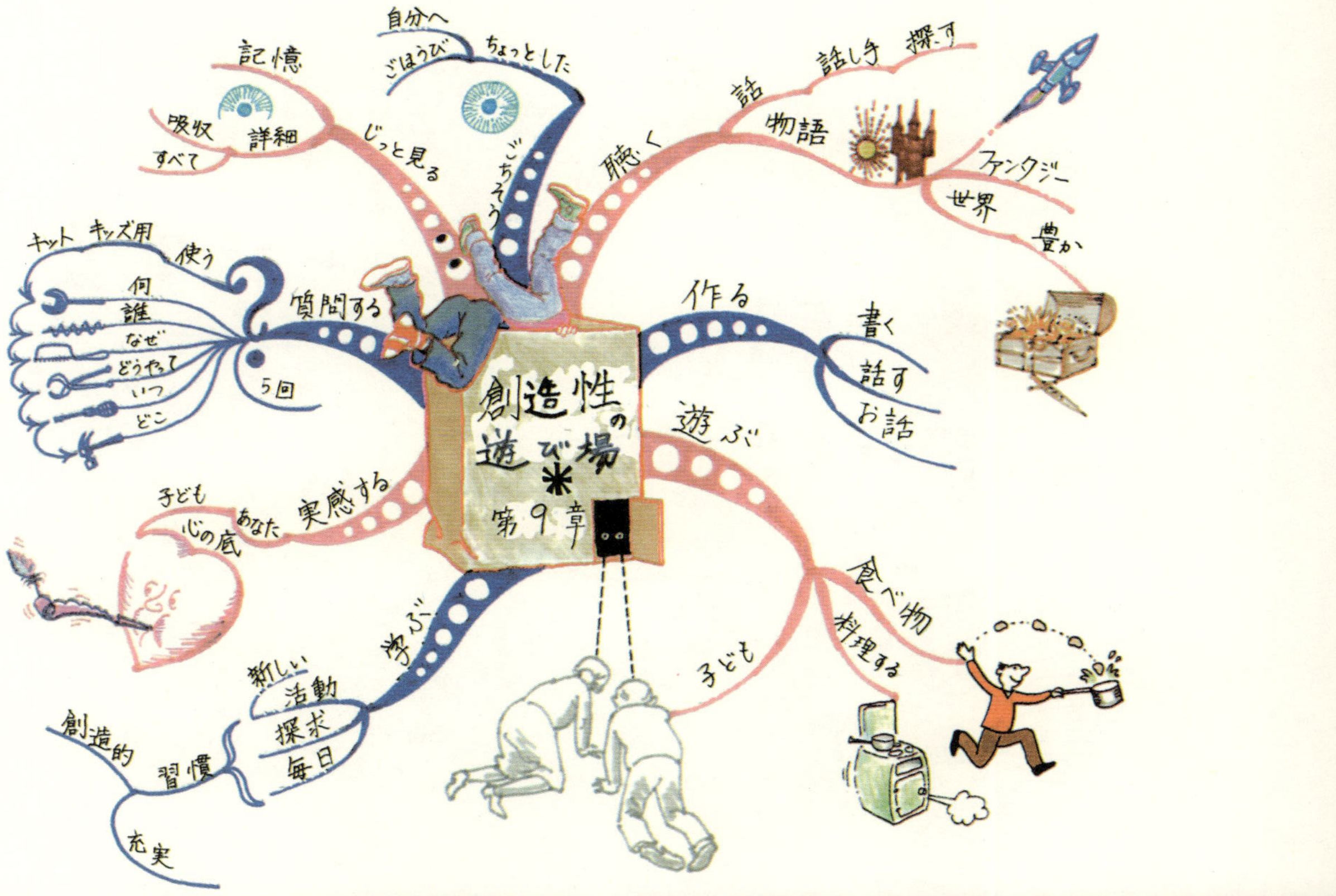

読者の皆様へ

本書は、イギリスの大ベストセラー作家トニー・ブザン著『The Power of Creative Intelligence』の邦訳である。

トニー・ブザンといえば、「マインド・マップ」の考案者として、世界的に有名だ。

彼がいう一〇の知性の中から「創造性」に焦点を当てた本書は、あなたの人生を大きく変えるほどの創造的なエネルギーに満ちている。まさに、ほとばしるほどアイディアが湧き上がる本だ。しかし、だからといって漫然と読んでしまうのはもったいない。いくら良書といえども、漫然と読むだけでは、十分な知識を吸収できないだろう。財布をはたいて購入する本ならば、何度も読み返して、言わんとしている真意をくみ取る努力をしてほしい。

著者のトニー・ブザンは、いくら勉強しても学力や記憶力が全く身につかず勉強が大嫌いになるという学生時代の苦い体験から、どうすれば人間は圧倒的な記憶力、さらには創造力や発想力などの潜在的な脳力を引き出すことができるのかを探求するようになった。そして悪戦苦闘の末に生み出されたのが「マインド・マップ」なのである。以来、三十余年に渡って、彼は自ら創設したブザン・センターを通じて、世界にこの画期的脳力開発法「マインド・マップ」を拡大してきた。

ブザン・センターCEO（最高経営責任者）のヴァンダ・ノース女史は、一九七〇年代にブザンの本と出合い、マインド・マップに深く感銘を受けた。その後、ブザンへの協力を自ら志願し、一九八二年にマインド・マップのプログラムを確立。現在はプログラムを世界に広げるために活躍している。その活動は、書籍の発行、セミナーの開催、ブザン・ライセンシング・インストラクター（BLI、ブザン・センター公認インストラクター）の輩出、個人や学校や企業向けのマインド・マップ・トレーニングなど多岐に及ぶ。

「頭脳の神様」といわれるトニー・ブザンは八二冊以上の本を刊行しているが、彼の本はすでに三〇の言語に訳され一〇〇カ国以上で紹介されている。世界で総計三〇〇万部以上のベストセラーだ。一方、ブザン・センターが推進しているマインド・マップ・セミナーを受講した人数は世界で数千万人にも上り、実際にマインド・マップを作成したことがあるのは二〇〇〇万人近くにもなるという。今はインターネットの普及もあって、英国をはじめ、アメリカ、ドイツ、オーストラリア、シンガポール、韓国など受講生が全世界にわたっている。特に、韓国では子どもの教育に盛んに使われている。日本では、トニー・ブザン・インスティテュートが設立され、公認インストラクターを中心にセミナー活動や自宅学習ができるプログラムの紹介を行っている。

マインド・マップは、ヨーロッパやアメリカのトップ企業や有名大学で実際に取り入れられ多大な成果を上げているものだ。その実績には驚かされるものがある。いくつか例を挙げよう。**ボーイング・エアクラフト社**は航空機製造マニュアルをマインド・マップ化して、大幅な経費削減に成功した。**エレクトロニック・データ・システムズ社**、**ナビスコ社**、**ディジタル・コンピュータ社**、**英国石油**などでは、社員教育用マニュアルにマインド・マップを採用、経費削減などの成果を上げている。**英国政府**と**ＩＢＭ教育部**は共同でマインド・マップによる若者向けの脳力開発プログラムを制作した。イギリスの**テンプル・マーケティング社**では、すべてのクライアントに対するプランニングにマインド・マップを活用している。**ヒューレット・パッカード・メディカル・プロダクト社**では技術者の社員研修でマインド・マップを役立てている。

その他、マーケティングや経営分析、経営戦略立案などにも優れた機能を発揮するため、税務コンサルタントの**Ｂ・Ｈ・リー＆カンパニー**は、マインド・マップで企業の経営計画を立案した。また、**オックスフォード大学**、**ケンブリッジ大学**では、マインド・マップを採用した講義を行っている。

マインド・マップの普及において、立ち遅れた観のある日本だが、近年、トニー・ブザン・インスティテュートが設立され、イギリスのブザン・センターと緊密な連絡を取りながら、セミナー活動やプログラムの普及など精力的な活動を行っている。

私自身も、人間の潜在脳力の開発に相当の関心があり、これまでさまざまな脳力開発法を自らも考案し、また海外の優れたプログラムを日本語化し紹介してきた。その一環で、特に、記憶力や思考力や創造力に優れた「マインド・マップ」を紹介できることはこの上ない幸せである。

すでに、『人生に奇跡を起こすノート術』、『自分を天才だと思える本』、『どんどん右脳が目覚める！　不思議なノート法』（いずれも、きこ書房刊）を通して、マインド・マップの素晴らしさを日本の皆様にも紹介してきた。これに加えて、本書は、人間に本来備わっている創造力、中でも仕事や人生のあらゆる分野で圧倒的に役立つアイディアを湧かせる方法を興味深く扱っている。

これらの書籍により、一人でも多くの方が潜在脳力を発揮する方法を学び、一度しかない人生に対して「充実して生きる術」を体得されんことを願ってやまない。

田中　孝顕

はじめに――創造力の旅に出よう

次の問いに、「はい」か「いいえ」で答えていただきたい。

①空想をすることがある？
②自分、家族、友人のために献立《こんだて》を考えたり、料理をしたりする？
③衣類を買うときは、色、素材、アクセサリーのコーディネートを考え、自分だけのスタイルを創り出そうとする？
④様々なジャンルの音楽を好む？
⑤友達と特別な時間を過ごした、スポーツで素晴らしい瞬間を体験した、ひときわ楽しい休日を過ごした、大きな災難あるいは大成功を体験したなど、人生における印象的な場面を楽しく思い出すことができる？
⑥子どもの頃は質問ばかりしていた？
⑦今も質問ばかりしている？

⑧物事の複雑さや美しさに驚嘆したり、その仕組み、要素、源、それが自分の人生に影響を及ぼすようになった経緯を解明したいと思ったりすることがある？
⑨性的空想をすることがある？
⑩読みたいと思っている新聞、雑誌、本が家にあるが、未《いま》だにそのための時間が作れない？
⑪ほかにも、いつかやりたい、終わらせたいと思いながら、そのための時間が作れずにいる物事がある？
⑫音楽、スポーツ、演劇、芸術の分野で最高のパフォーマンスが披露《ひろう》されると、感動や興奮を覚える？
⑬私が突然、魔法の杖《つえ》を振り、次のことを実現してあげたら、あなたはそれを受け入れるだろうか？

●柔軟性抜群の一流ダンサーになり、あらゆるイベントで人々から喝采《かっさい》を浴びる。
●大好きな歌手に負けないくらいの声を手に入れ、ほぼどんな曲でも納得のいく歌い方ができるようになり、ほかの人たちを楽しませたり、驚かせたりできるようになる。
●才能ある画家となって、マンガ、スケッチ、風景、似顔絵をさらさらと描けるようになる。また、ミケランジェロが弟子にしてもいいと思うほどの素晴らしい彫刻の腕を手に入れる。
●面白《おもしろ》い話をしたり、ジョークを言うのが得意で、ほかの人たちを魅了したり、喜ばせたり、腹がよじれるほど笑わせたりすることができる。

⑭ 生きている?!!

半数以上の質問に「はい」と答えたなら、あなたは「創造的」だ。

本書を読み進めるにつれ、自分がいかに創造的な人間であるかがはっきりと分かってくるだろう。ただ、その徴候をお知らせする目的で、皆さんが少々不思議に思われたであろう、二つの質問について考察してみよう。

「読みたいと思っている新聞、雑誌、本が家にあるが、未だにそのための時間が作れない」

この質問には九五パーセントの人が「はい」と答える。その人たちは、自分は物事を先延ばしにするのが上手《うま》いだけだと思っている！　確かにそうだ。しかし、それは極めて創造的なことでもある！　考えてもみてほしい。何週間、何ヶ月、あるいは何年もの間、新聞や書物に「手をつけない」ための素晴らしい言い訳を毎日「創造」してきたのだ。創造力が何かを「しないこと」に向けられていようが関係ない。並々ならぬものであることに変わりはなく、それは時として、**一生頼っていけるほどの無限のエネルギー源**となるのだ！

この点を頭において、次の質問を考えてみよう。

「生きている」

奇妙な質問に思えるだろうが、ここには、重大かつ意義深い真実が隠れている。毎日その日を生き延びようとする場合、あなたの驚くべき脳は、あなたのこの世での時間を終わらせてしまうであろう数々の問題に対し、何万もの考えや、行動や、解決策を生み出さなければならない。**「生きている」という単なる事実だけでも、あなたが創造的であることを十分に証明しているのだ。**

自分に備わるとてつもない創造力を強化し、解き放つには、その機能と伸ばし方を理解すればよい。本書では、そのノウハウを紹介していく。

創造力とは、新しいアイディアを考え出したり、独自のやり方で問題を解決したりする脳力であり、想像力、言動、生産性の面で大衆から抜きん出る力である。

創造力には多くの要素が含まれている。すべての要素について学び、それを伸ばしていけば、自分の創造力を向上させることができるのだ。本書では、これらの要素を一つ一つ紹介し、それを伸ばし、強化していく方法をお伝えする。創造力を構成する要素は次のとおり。

1. **左脳と右脳**：左脳、右脳の異なる機能を連係して活用する脳力。
2. **ノート法／マインド・マッピング**：自分の頭の中にある考えを紙の上に描き出し、視覚化する脳力。こうすることで自分の考えを十二分に探求できる。
3. **なめらかさ**：新しいアイディアを次々と生み出すスピード。
4. **柔軟性**：創造的な柔軟性を構成するのは、違う発想でアイディアを生み出す脳力や、様々な戦略を用いて物事へのアプローチを変える脳力だ。また、違う角度から物事を見る、他者の観点で考える、古い概念を新たな方法で再編成する、既存のアイディアを逆転させるといった脳力や、五感を駆使して斬新なアイディアを生み出す脳力も柔軟性の一つと数えられる。
5. **独創性**：独創性は、創造力や創造的思考に欠くことのできない要素といえる。一風変わっていて、ほかに似たものがなく、「常道を逸した」（「中心からはずれた」）独自のアイディアを生み出す脳力を示す。
6. **アイディアを広げる力**：優れた創造的思索家は、中心となるアイディアを選び、そこからあらゆる方向にアイディアを「増築」していく。つまり、元の考えを発展させたり、膨《ふく》らませたり、誇張したりすることで全体を練《ね》り上げていくのだ。

7. **連想**：創造的に考える人は、脳は強大な「連想マシーン」であるという事実を見事に活用している。彼らはこの「連想マシーン」の機能を直観的に理解しており、それゆえ自分の内に秘められた無限の才能を引き出し、創造力のあらゆる側面を向上させることができるのだ。

本書では、創造力のすべてを巡る旅に皆さんをご案内し、創造的思考力をどう膨らませ、どう伸ばしていけばよいのかを旅の各段階でお伝えしていこうと思う。この後の章では、そこで論じられる資質を体現する歴史的人物の事例、逸話も紹介していく。また、各章には「創造力トレーニング」も用意した。これは皆さんにもっと賢くなっていただくためのトレーニングなので、ぜひトライしてほしい。それぞれのエクササイズは、特定のスキルを伸ばすために作られているが、**一つのエクササイズに取り組めば、同時に（脳が無限に拡張し、相互連結し続ける連想マシーンであるおかげで）創造力が司る全分野のスキルが向上していく。**

また、各章では、**マインド・マップを活用して創造力を向上させる方法を具体例を挙げて説明していく。マインド・マップは、創造力を高めてくれる究極の思考ツール**であり、私はこの開発に人生をかけて取り組んできた。このほかにも、本書では創造力の原則に則り、図表やイラストを多用してあるので、ご自身の創造力向上に役立てていただきたい。

もくじ

あなたのアタマから嫌でもアイディアが飛び出してくる!

第1章　右脳重視で創造力はどこまでも伸びる

CONTENTS

第3章 中心から放射状に書くだけでアイディアがポンポン飛び出す

第4章 へんてこな連想があなたを魅力的にする

CONTENTS

第6章 あなたは天才詩人だ

CONTENTS

第9章 連想の天才だった頃に戻る!

CONTENTS

第1章

右脳重視で創造力はどこまでも伸びる

ロジャー・スペリー教授の世紀の大発見！

一九八一年、アメリカのロジャー・スペリー教授がノーベル賞を得た研究について、これから見ていく。この研究について知れば、あなたは隠れた創造力の存在に気づき、嬉《うれ》しい気持ちになるだろう。この力はあなたの手で解放される時を待っているのだ。

一九五〇〜六〇年代にかけて、スペリー教授は脳波の研究に従事していた。様々な思考活動と、その活動が脳波に与える影響を調べるため、ボランティアの被験者に、暗算をする、詩を暗唱する、いたずら書きをする、様々な色を見る、立方体を描く、論理的問題を分析する、空想をするといった頭を使う様々な課題に取り組んでもらった。

スペリーは、活動の種類によって脳波の出方が多少変わるだろうと予測し、その予測は見事的中する。ただし、予測外の事実も判明し、この発見は、人間の脳に備わる潜在脳力と、その創造的思考脳力に関する考え方を永遠に変えてしまった。その発見とは、**脳は自分が司る様々な活動を「左脳」（左皮質）の活動と「右脳」（右皮質）の活動とにはっきりと振り分けていた**という驚くべき新事実である。この研究こそ、その後「右脳・左脳」の研究として知られてき

左脳	右脳
言葉	リズム
論理	空間認識
数字	多次元性
順序	想像力
直線性	空想
分析	色
リスト	全体認識

たものだ。

知的労働の主な振り分けは上の表のとおり。

またスペリーは、右脳が活動している間、左脳は比較的おとなしくしているか、瞑想《めいそう》状態にあることも発見した。同様に、左脳が活動している間、右脳はよりリラックスし、静かな状態にあった。

さらに、これは本当に驚き（と同時に希望の光）だったのだが、この脳波実験に参加した「全員」の脳に関して、皮質機能がきちんと働いていることが証明された。つまり、身体的、生理学的、潜在的な基礎レベルにおいて、「すべての人」に非常に幅広い知的スキル、思考スキル、創造的スキルが備わっていること、しかし、そのごく一部しか使われていないことが明白になったのだ。

右と左の助け合い

こうした研究結果のおかげで、一九七〇年代を迎えるまでに、この未開発である脳力の本質を探るべく、さらなる研究・調査が次々と行われるようになった。

中でも目立っていたのは、人が自分の脳力についてどう考えているか調査し、本人が自覚している脳力や欠点と、脳波測定によって分かる本当の脳力とを照合させるという研究だった。

次に調査の一例を紹介するので、やってみてほしい。

左脳・右脳の自己診断

●支払いが残っている住宅ローンの利子分と資産分の比率や、自分が所有する敷地内の家屋と庭の比率を迅速《じんそく》かつ正確に計算することはまず不可能だと思う？　**はい／いいえ**

●そっくりの似顔絵や風景を描く、距離感をつかむ、遠近法をマスターする、美術の歴史を理解する、写実的・抽象的彫刻を製作することはほぼ不可能だと思う？　**はい／いいえ**

●曲を作る、歌う、クラシック音楽をほんの数フレーズ聴いて、どの作曲家の作品かを当てる、音楽に合わせて踊る、どの音もはずすことなく、正しい音程で歌うことはほぼ不可能だと思う？　**はい／いいえ**

診断結果を聞けば、おそらくあなたは胸をなでおろすだろう。調査対象となった人々の九五パーセントが、計算、美術、音楽という極めて重要な三つの分野において、自分は「遺伝的」に力量がないと固く信じていたのだ。

しかし、彼らの認識は完全な間違いだった。勇気が湧いてくる話ではないだろうか！

その後の研究により、良い指導者のトレーニングを受ければ、自分が苦手だと思い込んでいた分野のスキルが急激に向上することが分かった。それはまさに弱い筋肉を見分けるようなものだったのだが、その筋肉は元々弱かったのではなく、単に、長い間使わなかったために弱っていただけだったのである。

それだけではない。被験者全員が、「苦手」と思い込んでいた分野のスキルを伸ばすことに成功し、さらにもう一つ、驚くべき発見が明らかになろうとしていた。**新たな「知的筋肉」の状**

態が良くなると、ほかの「知的筋肉」の動きも良くなっていったのだ。

つまり、比喩的表現や美術を苦手とする人がその領域で十分なトレーニングを積んだ場合、突然、言葉の使い方や数字の扱いも巧みになり、創造力が全体的に向上するのである。同じように、計算力の弱かった人がトレーニングを積んでこの分野を強化すると、想像力や音楽的才能も向上していく。

どうやら、左右の脳が「会話を交わす」現象が起きているらしかった。左脳が情報を受け取って、それを右脳に送り、右脳は受け取った情報を独自の方法で処理し、それを左脳に送り返すという現象だ。この過程で、脳は左右共同で情報を収集し、様々な要素を結びつけることによって自らの知力や創造力を強化していくのだ。一九八〇年代初頭、左脳・右脳のパラダイムは世界中に知られるようになり、この驚くべき発見に関する本が次々と書かれるようになった。

そして、ここで難題が持ち上がる。

問題その一――半分で天才になれる？

あなたも耳にしたことがあるかもしれないが、かつては左脳の働きを「知的」「論理的」「ビジネス的」、右脳の働きを「芸術的」「創造的」「感情的」と分類するのが一般的だった。

ところが、我々の研究がすべて正しく、左右両方の脳を使うことで人の知性や創造力が全体的に向上するのだとしたら、当然、偉大な創造的天才たちも同じ知的プロセスをたどって脳全体を使ってきたに違いない。しかし、今、述べた左脳・右脳の分類が正しいとすれば、ニュートンやアインシュタインといった学者やインテリは「左脳の人」、ベートーヴェン、ミケランジェロといった音楽家や美術家は「右脳の人」だったことになる。言い換えれば、彼らは脳全体を使っていなかったことになってしまうのだ！

論議を呼びつつあるこの問題を解明するには、さらなる研究が必要である。そのことは誰の目にも明らかだった。私を含め、強い好奇心に駆られた多くの人々が、偉大なる創造的天才のデータを集め、「右脳・左脳モデル」との関連性を見る研究を開始した。

〈アルバート・アインシュタイン〉

私たちは「左脳の人」**アインシュタイン**について、次のことを発見した。

二〇世紀最大の創造的天才と呼ばれた彼であるが、学生時代は出来が悪く、勉強よりも空想にふけることを好んだ。そのため「教室の秩序を乱す」との理由で学校を追い出されてしまったのだ。

一〇代の頃は数学や物理の想像的な側面からヒントを得ると同時に、ミケランジェロの作品にも興味を持ち、この芸術家を徹底的に研究した。物理と芸術の双方に関心を持ったことでますます想像に興ずるようになり、今ではよく知られている「想像力ゲーム」を展開するに至った。そして、自らに興味深い課題を与え、自由奔放《じゆうほんぽう》に想像を巡らせたのだ。

これは最も有名な「想像力ゲーム」の一つだが、あるとき彼は、太陽の地表面にいる自分が太陽光線をひっつかみ、そこから宇宙の最果てを目指して光速でまっすぐに飛んでいく様子を頭に描いていた。

旅を終えたとき、彼は自分が出発地点に戻っていることに気づき、驚愕《きょうがく》する。論理的には不可能だ。一直線に延々と進んでいたのに、出発地点に戻って来られるわけがない！

そこで、別の地点から別の太陽光線に乗って、まっすぐ宇宙の果てを目指した。そして、またしても出発地点にかなり近いところに戻ってきてしまったのだ。

彼にはだんだんと真実が分かってきた。彼の想像は理論を超える真実を教えてくれたのだ。「常に」一直線に進み、「常に」出発点の周辺に戻ってきてしまうのだとしたら、少なくとも二つのことが考えられる。つまり、宇宙は何らかの形で湾曲しており、そこには境界線が存在するのだ。

こうしてアインシュタインは「我々の宇宙は湾曲し、有限である」という、最も深い洞察を得たのである。彼は左脳の思考だけでこの大きな創造的認識を得たのではない。これは、数字、言葉、秩序、理論、分析といった知識と、果てしない想像力、空間認識脳力、全体像をつかむ脳力を連合した結果である。

アインシュタインの洞察は、左脳と右脳の完全な調和と、双方の会話によってもたらされたものであり、「全脳を使った」完璧なる創造的認識だったのだ。

〈ルードヴィヒ・ヴァン・ベートーヴェン〉

「右脳使い」の創造的天才にとっては、逆もまた真なりである。**究極の「右脳の人」ベートーヴェン**の例を見てみよう。

ベートーヴェンは、気性が激しく、知識欲が旺盛で、情熱的な人物だったと言われている。また、専制政治や検閲からの解放を願い、芸術的表現の自由を求めて闘い続けた人物としても知られている。一般的に、彼は「野性的」で「人に飼い慣らされない」天才の「完璧な」例と見なされている。

こうした評判はすべて真実であり、「右脳使い」の創造的天才に関する伝統的解釈と一致している。しかし、たいがいの人は気づいていないが、彼はほかのすべての音楽家と同様、見事な「左脳使い」でもあったのだ！

音楽の特質について考えてみよう。音楽は五線の上に連続して書かれるものであり、独自の理論に従い、数字を基盤にして作られていく。また、多くの場合、音楽は数学の最も純粋な形として表現されてきた（偉大な数学者の多くが音楽を趣味とし、偉大な音楽家の多くが数学好きだったことは興味深い）。

情熱的な想像を好み、リズミカルであったと同時に、ベートーヴェンは細かなところにも非常に気を配る人だった。最初にメトロノームを使い始めた彼は、これを「天の賜物《たまもの》」と言った。なぜなら、メトロノームがあれば、後世の音楽家や指揮者が彼の音楽を正確なリズムと、正確なアクセントと、非常に正確な数学的テンポで演奏することができるからだ！

アインシュタインと同様、ベートーヴェンも「右脳使い」でもなければ「左脳使い」でもなかった。彼は完璧な**創造的「全脳使い」**だったのである。

偉大なる創造的天才たちを研究した結果、彼らは皆、脳のすべての領域、つまり、すべての皮質機能を使っていたことが証明された。彼らの脳内では、それぞれの機能が互いに補い合い、助け合っていたのだ。

これらの発見は、研究を続け、仮説を立てるうえで二つ目の難題を照らし出した。

問題その二――男は左脳、女は右脳はホント？

二番目の問題は重大だった。左脳の「知的」活動は「男性」のもので、右脳の「感情的」活動は「女性」のものと分類される傾向があったが、これは真実から完全にかけ離れた危険な考え方だったのだ！

こうした分類は、何世紀も信じられてきた次に挙げたような古い考えを誇張し、追認しているに過ぎない。

- 学術、教育、知性に必要とされるのは、言葉と数字と論理だけであり、想像力、色彩、リズムは必要ない。
- ビジネスに必要なのは厳格な秩序のみである。
- 男性は理論的かつ合理的で、感情、想像力、色彩に欠ける。
- 女性は理性に欠け、空想癖がある。
- 感情の基盤は結合的理論ではない。
- 創造力や芸術はまともに研究するものではなく、合理性や科学に裏づけされたものでもない。

このような間違った認識が現在も広く蔓延《まんえん》している事態は実に不幸である。こうした誤解がもたらす悲劇とは、真実が見えなくなることであり、その結果、喜びを与えてくれるものや、経験や、実際に存在するものの価値に傷がつくことである。

残念なことに、こうした誤解は教育の場で特に蔓延している。教育においては「左脳優位」であるべきとの思い込みがあるため、私たち大人は、元気いっぱいで、想像力が豊かで、はつらつとしていて、好奇心旺盛《おうせい》で、空想癖のある子どもに、行儀が悪い、落ち着きがない、物覚えが悪いなどとレッテルを貼ってしまう。しかし、このような子どもたちこそ「創造的天才予備軍」と呼ぶべきである。彼らは今まさに自分の脳力を探求しようとしているのだ！

同じように、多くのビジネスも「左脳優位」の考え方にはまり込んでいる。その結果、左脳的ビジネス習慣に想像力やヒラメキを結びつけることで生まれる相乗効果が消滅し、さらに評判や収益も消滅してしまうのだ。

本書の文脈に沿って芸術家全般のイメージを考えてみよう。いくつかの調査で分かったことだが、大半の人は芸術家に対して、不精《ぶしょう》、いい加減、だらしない、理論や金勘定が苦手、構造分析力や組織技術がないとのイメージを持っている。

残念なことに、芸術を志す世界中の何百万という学生が、こうした芸術家の「理想像」に近づこうと頑張っている（本当の理想像からは遠ざかっているのだが……）。その結果、彼らは、言葉、数字、理論、秩序、構造を拒否し、思いつきのイメージだけを創り出すのである。

半分は五〇ではなくゼロパーセント

もし、これまで脳の半分の機能しか使ってこなかったのだとしたら、私たちは何パーセントの効率で活動していたことになるのだろう？

五〇パーセントという答えはすぐに出るはずだ。これは、私たちが自分自身を「低脳」な人間にしていたことを意味する！　しかし、次の例え話を読めばお分かりいただけると思うが、実は五〇パーセントでも過大評価なのだ。

私が「あなたの運動脳力を測らせてください」とお願いし、一回目のトライアルでは、両手両足も含め「体の一〇〇パーセントを使って構わない」と言ったとする。そして、あなたの走り方をビデオに撮って、人体の機械的効率を検討したとしたら、どんな結果が出るだろう？多くの場合、かなりの高スコアになるはずだ。

二回目のトライアルでは、私が「身体機能の五〇パーセントしか使ってはいけない」と言い、あなたの右手と右足を背中のほうでくくりつけてしまったとする。さあ、あなたはどうなるか？　二秒と経たないうちにぶざまに倒れてしまうだろう！　この場合の効率は？　ゼロパーセントである。

なぜか？　体の各部位は「調和して」機能するようにできており、そのように動かしてこそ、それぞれの部位が他の部位の効率を何千倍にも上げてくれるのだ。

脳にも同じことがいえる。片側の皮質機能しか使わない場合、あなたの創造力は、潜在脳力と比較すればゼロに等しくなってしまう。

次の「創造力トレーニング」と、この後の各章では、この無限の創造的潜在脳力を解き放つ方法を探求していく。

◆◆◆創造力トレーニング◆◆◆

1. 脳の使用度自己診断

普段、自分が左脳をどの程度使い、鍛えているかをチェックしよう。次に、右脳についても同じチェックをしてみる。右脳であれ左脳であれ、自分がおろそかにしている領域があれば、直《ただ》ちにその領域の訓練と強化を開始しよう。

2. バランス重視の教育

お子さんをお持ちなら、学校、社会、家庭を含め、教育の場では一貫して全脳思考を応用すること。バランスの取れた教育を受けられるように手助けをしてあげよう。そうすれば、子どもはより創造的な充実した人生を送ることができるだろう。

これにとどまらず、あなた自身が続けている生涯学習にも同じ原理を適用しよう。そうすることで、あなたもより創造的な充実した人生を送れるのだ。

3. 休息も仕事の一つ

全脳思考を使って、創造力をありのまま十二分に発揮したいと思ったら、定期的に息抜きをする必要がある。

考えてもみてほしい。想像が一気に膨らんだり、問題の解決策や素晴らしい空想がぱっと頭に浮かんだりするとき、あなたはどのような状況にいるだろう？　多くの人は、次のうちのどれか、あるいはすべての状況にいると答える。

- 風呂に入っている
- シャワーを浴びている
- 散歩している
- 就寝前
- 睡眠中
- ちょうど目が覚めたところ

●音楽を聴いている
●長距離のドライヴ中
●ジョギングをしている
●泳いでいる
●海辺で横になっている
●ぼんやり、いたずら書きをしている

このようなとき、あなたの心と体はどのような状態にあるだろう?　心はリラックスし、多くの場合、独りの時間を過ごしている。

右脳と左脳が会話をし、コミュニケーションを取り合うのは、こうした休息の一時であり、創造力の豊かな源泉は、このような場合に自らを表現することができるのだ。

休息を意識的に取らなかった場合、脳はあなたのために決断をくだすことになる。懸命に働く(しかし「賢明に」働いているわけではない)人たちの多くは「年を追うごとにストレスが増し、集中力がなくなってきた」と訴えるが、実は、これは良いことなのだ。というのも、この兆候は「バランスの崩れた身心を元どおりにするには、ちょっとした想像や空想が必要ですよ」という正常な脳からの主張なのである。

このような状態にありながら、それでも左脳優位のライフスタイルをひたすら続けたとしたら、脳は別の手段であなたに休息を取らせようとするだろう。つまり、集中力がなくなる、わけもなくイライラして神経衰弱《しんけいすいじゃく》になる、パニックに陥るといった症状が出始めるのである。こうなったらもう治療法はこれしかない……休息とリラックスだ！

意識的に息抜きをしよう。脳と自分自身に休息を与えるのだ。そうすれば、あなたの創造力はそのお返しに、あなたを愛してくれるだろう。

４．「脳を連れて」散歩に出よう

古代ローマには、「solvitas perambulum」ということわざがあった。「歩きながら解決せよ」という意味だ。古代ローマの人々に「右脳・左脳」という観点がなかったのは明らかだが、彼らはちゃんと理解していたのだ。つまり、田舎や山道を歩くなど、「脳を連れて」散歩に出れば、手足の動きが一定のリズムを刻み、心臓の鼓動がどんどん強くなり、酸素を含んだ血液が脳にたっぷりと流れ、目や耳などの知覚が外からの刺激を楽しみ、こういったすべてのことが創造的思考や問題の解決に役立つのである。

目下取り組み中の創造的課題や問題があるのなら、外出（Walk it Out）して解決（Work it Out）しよう！

５．日々の生活をセンス良く彩る

日常生活において、自分が創造的だと思っている領域、創造的ではないと思っている領域を次の空欄にそれぞれ書き出した後、続きを読み進めてほしい。

創造的

非創造的

今やっていただいたエクササイズの理想的な答えはこうだ。**「日常生活のすべての領域は本来創造的であり、左右両脳の全スキルをもっと活用して、それらを強化していくことが望ましい」**

次に挙げる日常の活動について考えてみよう。これらはすべて、創造力次第で良くもなれば悪くもなる活動である。

- 料理
- 室内装飾
- 家の修繕
- 写真
- ガーデニング
- 道を探す、地図を読む
- 大工仕事
- 花を生ける
- 特別なイベント、出費用の予算を立てる
- 人間関係
- 贈り物のラッピング
- 手紙やメッセージを書く
- テーブル・セッティング
- 室内植物を置く
- ペットの世話や訓練をする
- 休日や特別なイベントの計画を立てる
- 会合を計画する
- サッカーなどのスポーツをする

右脳・左脳のスキルを「スパイス」として加えることで、こうした活動の一つ一つは、より面白く、より創造的になる。

日常生活という創造的舞台では、ちょっとした工夫が大きな意味を持つ。浜辺で貝殻や流木を集めてきて飾ったり木工細工の材料にする。着なくなった衣服の端切《はぎ》れを集めてパッチワークをする。食事の際、各自の皿に花を飾ったり、貝殻に塩やコショウを入れて出したりする。週ごとに通勤ルートを変えたり、新しいルートを見つけたりする。こういったことは、どれもちょっとした努力なのだが、あなたの生活の創造的センスを無限に広げてくれるのだ。

とりわけ、休暇のシーズンや祝い事があるときは創造力を発揮する素晴らしいチャンスとなる。装飾や見た目の美しさ、一目で分かるユーモアで創造的な祝宴を催そう。あなたらしさが感じられるカードや贈り物を「創造」してプレゼントしてもよい。友達のためにパーティーを企画するのもよいだろう。可能性は無限である！

6. ヒーロー・ヒロインを師としよう

偉大な創造的天才には必ず理想とする人物が存在し、皆、その人物からヒントを得ようとしていた。アレクサンダー大王の家庭教師はアリストテレスであったし、ジュリアス・シーザーはアレクサンダー大王を見習っていた。イタリア・ルネサンスの大天才たちは皆、古代ギリシア・ローマ時代の人物をお手本にしており、ロシアの女帝エカテリーナ二世にとってはピョートル大帝がインスピレーションの源だった。モハメド・アリのヒーローは元世界ミドル級チャンピオンであるシュガー・レイ・ロビンソン。アイザック・ニュートンのお手本はソクラテス、そして、スティーヴン・ホーキングのお手本はアイザック・ニュートンといった具合に、天才たちの名がずらりと並んでいる。

創造的巨匠たちが用いたのは、**自分がお手本とする人物と想像上の会話を交わし、彼らから「妙案」やヒントを得る**というテクニックだった。この創造的思考テクニックは、大きな科学的、文化的目標を追究する際にも活用でき、普通の生活においても、誰もが活用することができる。

大きなチャンスや問題に遭遇した場合、このテクニックを使えば、いつでも創造的思考を巡らすことができるのだ。私の活用法をご紹介しよう。ある状況に遭遇し、それが（私のヒーロー・ヒロインたちを集めた）指導者グループの助けを必要とする事態だった場合、グループの中から最も適任と思われる人物を選び出し、「この状況を最大限に利用するため、彼らならどんなアドバイスをしてくれるだろう」と想像してみるのだ。私がヒーローやヒロインを選び出す場合の根拠は、その人のユニークかつ創造的なアプローチであり、エネルギーであり、目覚ましい成功である。そのすべてが自分や、自分の創造的思考過程の糧《かて》になることが私には分かるのだ。

私がいつも助けを求める指導者グループのメンバーと、彼らを選んだ理由は次のとおり。

- 私たちの創造的お手本、**レオナルド・ダ・ヴィンチ**。無限の創造力と発明の才能の持ち主。
- 驚くべき不平等に打ち勝った**エリザベス一世**。極めて柔軟な頭脳を持つと同時に、不動の意志の持ち主でもある。また、物覚えが非常に早い。
- 自己を深く探求した**仏陀**《ぶっだ》。この上ない苦悩と喪失感に耐える力を持っている。
- 驚くべき独創性と創造力の持ち主、**モハメド・アリ**。マイノリティー・グループを代表し、擁護する役目も務めた。
- 合気道の開祖、**上芝盛平**《うえしばもりへい》。合気道の修行者は、あらゆる暴力を封じると同時に、自分の足元は揺らがないようにせよと教えられる。

自分の「指導者グループ」として、偉大な歴史上の人物を四〜五人選び出そう。さらに補充メンバーとして、家族や友人の中から思考力、分析力、創造力に優れ、あなたが特に評価し、尊敬している人物を選んでグループに加えよう。そして、難しい局面や問題に遭遇したときはいつでも、自分の頭の中にいる天才たちと想像上の会議を開き、この状況で彼らならどんな答えやアドバイスを与えてくれるだろうと考えてみるのだ。あなたはその素晴らしい結果に驚きを（時には衝撃を！）隠せないだろう。

7．アインシュタインが実践「創造的想像ゲーム」

毎日、あるいは毎週、アインシュタインが実践した創造的想像ゲームをやってみよう。アインシュタインは自分に興味深い疑問を投げかけていた。たとえば「太陽光線に乗って宇宙の果てまでいくとどうなるのか？」「誰かの元から私が光速で旅だったら、私の姿は見えなくなるのだろうか？」「光は曲がるのか？　もしそうだとしたら、私が見ている物の位置をどうやって知ればいいのか？」といった具合である。そして、あり得そうな状況をすべて考慮しながら、好き勝手に想像を巡らす。どんなに突飛でばかげた想像に思えても、お構いなしだ。あなたも自分が興味を持っている分野で同じゲームをやってみよう。自分が生み出す答えがいかに創造的かが分かるはずだ。

8．右に重点を置く

学校、職場、社会では左脳の皮質機能が重視されがちなので、特に右脳のスキルをそこに組み合わせる方法を検討しよう。毎日の生活や仕事に右脳の各スキルをプラスする手段を三つ考えてほしい。そうすれば、あなたの毎日はより楽しく、より能率的になるだろう。

9. 両手利きを目指そう

体の両側を使えば、脳の両側を使うことになる。ジャグリングを習うのもよいし、毎日の生活の中で、利き手と逆の手を使って髪をとかしたり、歯を磨いたり、ダイヤルを回したり、フライパンをかき混ぜたり、書き物をしたりするのもよいだろう。また、ナイフとフォークを逆に持って食事をしてみるという手もある！

10. マインド・マップで脳のおしゃべりを記録する

ノートは脳が自分自身とコミュニケーションを取るための特別な手段である。創造的思考や、様々な問題や、記憶を自分の中にしまいこんで「宙ぶらりん」の状態にしておくより、それらを外に出して取り組むほうが、脳にとってはずっと楽なのだ。筆算の割り算を紙とペンを使わず、暗算でやってみればそのことが分かるだろう！

ノートを取るときは、左脳だけでなく右脳も使うようにしよう。色、イメージ、空間、視覚的リズムを活用し、ノートに「関心の的」となる要素を加味するのだ。このノート法は「マインド・マップ」と呼ばれている。次の章では、このマインド・マップについて詳しく解説していこう。

第2章

これぞ究極の連想ツール「マインド・マップ」

あなたの書くノートが、あなたの才能を閉じ込めている

あなたが世界の人口の九九・九パーセント以上に属するなら、センテンスやフレーズになった言葉を使い、物事をリスト化し、「上級」のノート法として、数字や文字を使って自分の考えをまとめ、本や話者から提供された情報を直線的に並べ、文字はまっすぐな罫線《けいせん》に合わせて書き、青や黒やグレーのペン、もしくは鉛筆を使うはずだ。

多くの人が「自分は創造的人間であるはずなのに、それが発揮できていない」と感じるのは、私たちが過去数世紀に渡って用いてきたこのノート法のせいなのだろうか？　また、世界中の人々が総じて創造力の本質を誤解し、「自分には創造力がない」と訴えるのは、このノート法のせいなのだろうか？

詳しく検討してみよう。

まず、ノートを取るときによく使う色である、青、黒、グレーに注目していただきたい。なぜこのような色を使うのかといえば、そうしろと教わったからだ。（私が通っていた学校では、ブルーブラックのペンしか使ってはいけないと言われ、そればかりか、インクのブランドまで指定されていた！！　違反しようものなら、暗唱の宿題を二五行増やされてしまうのだ！）

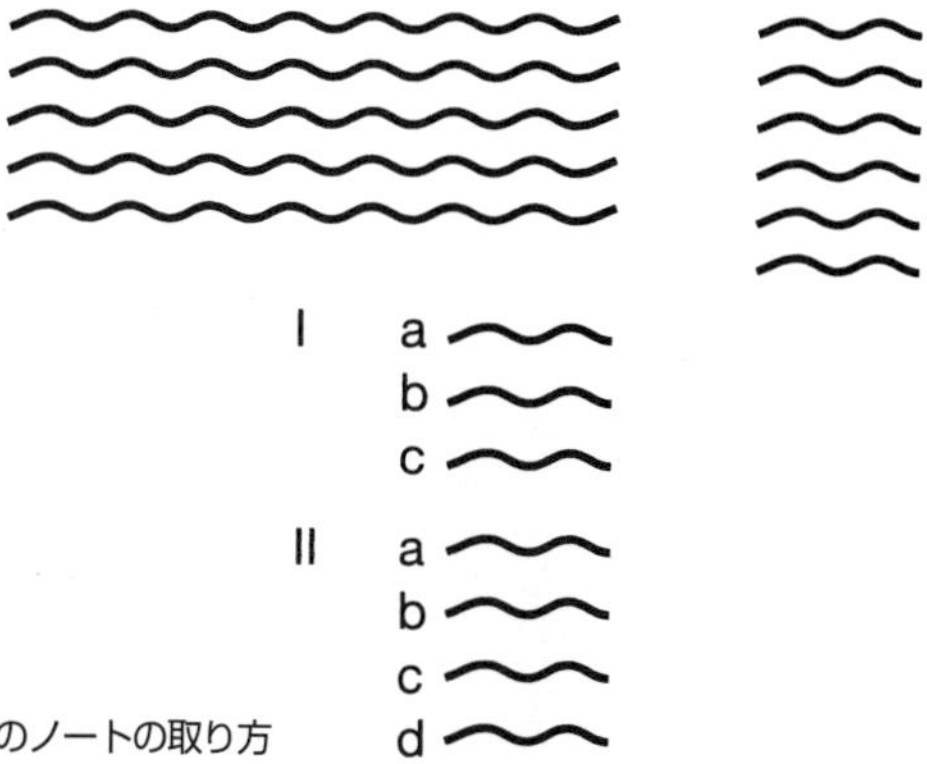

従来のノートの取り方

あなたの脳はこれらの色をどう感じるだろう？

青、黒、グレーという色は、脳には単一の（＝mono）色彩（＝chroma）と感じられる。つまり、このような色から目に飛び込んでくる光波はどれも同じなのだ。したがって、青や黒やグレー一色で送られてくる情報は、脳には一本（＝mono）調子（＝tone）に感じられる。「mono（単一）」という概念と「tone（色調）」という概念を組み合わせるとどんな言葉ができるだろう？　答えは「モノトーン（＝単調）」。そして、単調な物事を私たちは「退屈」と呼ぶ！　では、退屈な物事は普通、何と表現されるか？　答えは「うんざり」である！

脳はうんざりするとどうなるのか？　たいがいの人は次のどれかを思い浮かべるだろう。

- 興味を失う
- 無感覚になる
- あてもなくさまよう
- 嫌気を起こす
- 空想を巡らせる
- 眠りに落ちる

このように、地球の創造力を爆発させるべく開発された現在のノート法は、実際には脳をたまらなくうんざりさせ、眠らせてしまう！

それだけではない。これはあなたがどこの国の人であろうが、どんな言語を使おうが関係ないのだ。英語、イタリア語、ドイツ語、スペイン語、ロシア語を使えば、退屈な文字は左から右に続いていく。ヘブライ語やアラビア語を使えば右から左に、中国語を使うのなら上から下に、退屈な文字は続いていく！　文字列が上下左右どちらに向かっていようが脳には関係ない。どっちにしろ、寝てしまうのだ！

なぜそうなるのか？

ノートを取るとき、あなたの脳はいつもどんなツールを使っているだろう？　言葉、リスト、線、数字、順序、連続性、文字――すなわち「左脳」が司る知的スキルだ。

まあ、それはそれで良しとしよう。では、「右脳」はどうか。実は従来のノート法では、イメージも、記号も、色も使われず、広がりも、「全体像」もなく、視覚的リズム、空間認識力も使われていない。つまり、右脳はまったく使われていないのである。

したがって、脳は半分の仕事しかしない！　そろそろ仕事を完成させなくてはいけない。もう一度はっきり言うが、自分に備わるスキルの半分しか使っていないということは、片方の手足を縛られて走るランナーと同様、効率を恐ろしく欠いたノートの取り方をしてきたことになるのだ。

文字を乗せる罫線は監獄《かんごく》の格子《こうし》のようなもの。私たちの脳に備わる素晴らしい創造力はその奥に囚《とら》われの身となっている。

脳の実際の思考方法と一致するやり方で——直線的でないことはもうお分かりだろう——思考を視覚化できたらどうなるか探ってみよう！

マインド・マップでアイディアは無限に生まれる

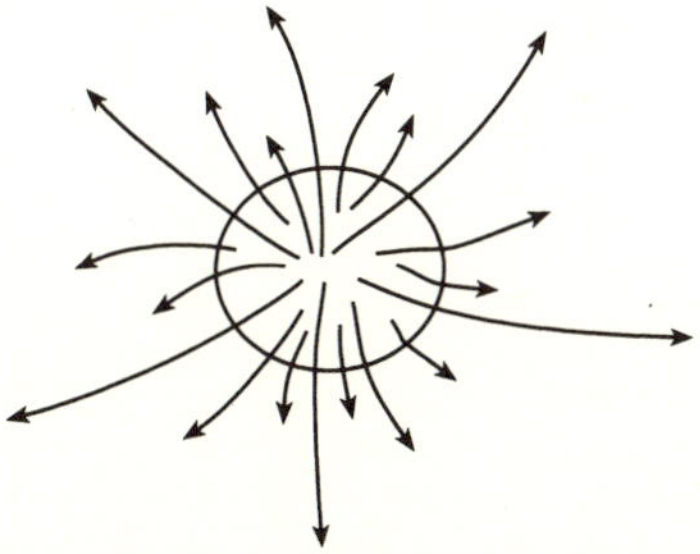

放射的、爆発的な思考

あなたの脳は、コンピュータとは違って、直線的、連続的な思考はしない。上の図に示すように、**放射的、爆発的に思考する**のだ。

放射思考の働きがどのようなものかを証明するため、次の放射的・創造的思考ゲームに挑戦してほしい。この仕組みが分かれば、自分の思考手段に対する考え方が永久に変わってしまうだろう！

下の顔の中央に「FUN（楽しい）」という言葉が見えると思う。この顔から五本の枝を放射状にのばし、さらにその一本一本から、木の枝や、川の支流のように、支線を五本ずつのばしてみよう。

方法は次のとおり。「楽しい」という概念を考えたとき、最初に頭に浮かぶ言葉を五つ、中央からのびる五本の枝（主要枝）の上に一つずつ書き込んでいく。どんな言葉でもよいが、枝一本につき一つずつ楷書で書き込むこと。それが済んだら、次の段階に進もう。今度は、主要枝に書き込んだキーワードを見て、まず頭に浮かぶ言葉を五つ、主要枝からのびる五本の枝の上に素早く楷書で（この場合も枝一本につき言葉を一つずつ）書き込んでいく。最初のキーワード五つと、そこから放射されたすべての枝に言葉を書き込んだら、次をお読みいただきたい。

あなたはこのエクササイズができただろうか？

もちろん、できたに決まっている！

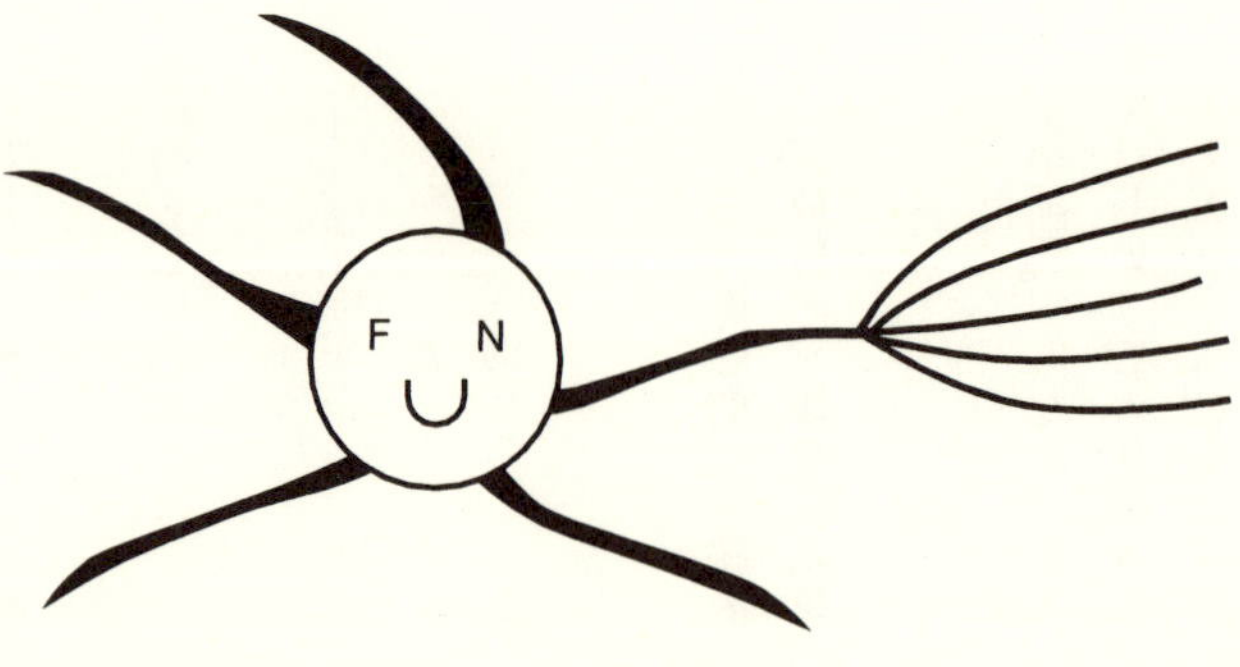

エクササイズは簡単だったか？

もちろん、簡単だったに決まっている！

やる前よりも、今のほうが意味のあるエクササイズに思えるか？

もちろん！

よく考えていただきたい。今、あなたの脳が行ったことには、非常に深い意味がある。あなたは「楽しい」という一つの概念を取り上げ、そこから五つのアイディアを発した。したがって、あなたは最初の創造的アウトプットを五倍にしたことになる。つまり、創造的アウトプットは五〇〇パーセント増しになったのだ。

次に、あなたは新たに創られた五つのアイディアを取り上げ、各アイディアからさらに五つの新しいアイディアを生み出した。創造的アウトプットはまたしても五倍、あるいは五〇〇パーセント増しと言ってもいいだろう！　一つのアイディアからスタートしてすぐ、あなたは新しいアイディアを三〇個も生み出したのだ。

今度は自分にこう尋ねてみよう。「最初に書いた五つのキーワードから二五の言葉が放射された。では、この二五個からさらに五つずつ、言葉やアイディアを生み出せるだろうか？」

もちろんできるはず！　つまり、アイディアはあと一二五個創り出されることになる！

その一二五個から、さらに五つずつ追加できるだろうか？　もちろんできる！　アイディアは六二五個追加だ！　つまり、最初に比べたら、アイディアは六二五〇パーセント増えたことになるのだ！

そのまま次の段階に進むことはできるだろうか？　さらに次の段階へは？　そのまた次の段階へは？

もちろん、進める！

それは、どれくらい続けられるのか？

永久に！

アイディアはいくつ生まれるのだろう？

無限大！

おめでとう！　あなたはマインド・マップのテクニックを使って自分の創造的潜在脳力が無限であることを証明してみせたのだ。

さらに良いニュースがある！

今やった放射的・創造的思考ゲームでも、あなたはまだ左脳を優先的に使っていた。自分の中に無限の創造的思考力が潜んでいることは証明されたのだから、そこに右脳の魅惑的特性が加わったらどうなるだろう？　マインド・マップの基本形に色を用い、視覚的リズム、イメージ、絵、記号、広がり、適当な空間配置をプラスしたらどうなるか？　これを実行すれば、あなたは脳力を相乗的に向上させながら、再び全身を使って走るランナーのようになれるだろう。つまり、すでに自覚している無限の創造的潜在脳力に、さらなるパワーと、色彩と、広がりがプラスされるのだ。

本格的マインド・マップの作り方

先ほどの「楽しい（FUN）」ゲームでは、基本的なマインド・マップを体験していただいた。本格的マインド・マップも、簡単に楽しみながら作ることができる。

マインド・マップの作り方

①無地の紙を横向きに置き、「中心」から書き始める。
そうすることで、脳は思考を四方に広げる放射性の創造的自由を得る。

②中心となる考えは「イメージ」で表現する。
創造力にとって、一つのイメージは一〇〇〇の言葉にも値する。また、イメージはあなたの目を楽しませ、意識を集中させてくれる。

③マインド・マップ全体に「色」を使う。

色は創造的思考に刺激を与え、自分の考えの創造的部分を目立たせてくれる。また、脳の視覚中枢を刺激し、目の注意と関心をそこに引くことができる。

④中央のイメージに「主要枝」を「つなぎ」、その一番目、二番目の枝に、二番目、三番目の枝をそれぞれつなげていく。

脳は「連想」によって機能していく。枝をつないでいけば、様々な考えは脳の中でつながり、導火線に火をつけたように、さらに創造的な考えを生み出していく。また、枝をつなげていくことによって、自分の考えを支える基本構造ができあがる。これは、骨格と筋肉と結合組織によって肉体が支えられているのと同じだ。

⑤枝は直線ではなく、「曲線」で描く。

「創造力マインド・マップ」が直線ばかりでは、目が退屈してしまう！　自然界で目にするような曲線のほうが、脳にとってはずっと魅力的だ。

⑥枝一本につきキーワードを一つ書き込む。

それぞれのキーワードやイメージは、独自の連想と連結をずらりと生み出していく。キーワードを一つにしたほうが、新しい考えを誘発しやすくなるのだ。フレーズやセンテンスを書いてしまうと、この誘発効果が下がる傾向がある。

⑦全体的に「イメージ」を用いる。

イメージや記号は記憶に残りやすく、新たな創造的連想を刺激する。

マイケル・マハルコは、自身のベストセラー『Cracking Creativity（はじける創造力）』の中で、マインド・マップを「直線的思考に代わる全脳思考」と表現し、マインド・マップを活用した場合の多くの利点として、次のことを挙げている。

- 脳全体が活性化される。
- 散らかった頭の中がきれいに整理される。
- 問題に集中できる。
- 問題の構造を詳細に展開することができる。
- 孤立した各情報のつながりを示すことができる。

● 問題の詳細と全体像の両方が明らかになる。
● 問題に関する自分の理解が図式化され、自分が持っている情報に何が欠落しているのかが簡単に分かる。
● 様々な概念の比較がしやすくなるため、それらを分類し、再編成することができる。
● 問題解決において常に活発な思考ができ、最終的な答えに少しずつ近づいていくことができる。
● 問題に集中せざるを得ないため、それに関する情報を短期記憶から長期記憶に移動させやすくなる。
● 四方に枝を広げ、あらゆる角度からアイディアをつかむことができる。

マインド・マップ型ノートは大天才の共通項

マインド・マッピングを始めれば、あなたも大天才たちの仲間入りができるだろう。天才と呼ばれる人たちは皆、マインド・マップのガイドラインにある主な原則を活用して自分の考えを視覚化し、それぞれの分野で大きな創造的飛躍を果たしたのだ。その例をざっと紹介すると――「二〇世紀の頭脳」と呼ばれる**レオナルド・ダ・ヴィンチ**、偉大なる彫刻家であり画家でもある**ミケランジェロ**、偉大な生物学者**チャールズ・ダーウィン**、万有引力の法則を発見した**アイザック・ニュートン**、相対性理論を発見した**アルバート・アインシュタイン**、名高い政治的指導者であり著述家でもある**ウィンストン・チャーチル**、二〇世紀の美術の様相を一変させた**パブロ・ピカソ**、白熱電球の発明者**トマス・エジソン**、天体観測で世界を大混乱させた**ガリレオ・ガリレイ**、博識家でアメリカ合衆国憲法の起草者でもある**トマス・ジェファーソン**、ノーベル物理学賞を受賞した**リチャード・ファインマン**、二度のノーベル賞に輝いた化学者であり、放射線学者でもある**マリー・キュリー**、近頃亡くなったイギリスの桂冠詩人で、常に二〇世紀最高の詩人と称されてきた**テッド・ヒューズ**——といった名前が挙げられる。

あなたも彼らと同じ仲間なのだ！　実際、多くの人が評価していることだが、イタリア・ルネサンス全般を見ると、その大部分を生み出したのは**直線的思考の監獄から逃れた創造的大天才たちだった。彼らは線や言葉だけでなく、それに匹敵する、あるいはそれより雄弁なイメージ、スケッチ、図形、記号、シンボル、図表といった「言語」によって、自分の考えやアイディアを視覚化したのだ。**

〈レオナルド・ダ・ヴィンチ〉

創造的大天才は、想像力という言語を駆使して斬新なアイディアを数限りなく生み出していく。その素晴らしい例が、**ダ・ヴィンチ**である。彼のノートを見れば、それがよくわかる。頭の中にひしめく考えを紙の上に表すため、ごく単純な方法として、イメージ、図形、シンボル、イラストを用いたのだ。

そのノートには純然たる創造的才能が表現されているため、世界で最も価値のある本に数えられるが、真髄は彼のスケッチにある。これらスケッチの助けを借り、彼は芸術、生理学、工学、水中探査、生物学といった幅広い分野で自分の思考を探求していたのだ。彼にとって、言葉という伝達手段は、あくまでもイメージの後に来るものであり、自分の創造的考えや発見を分類したり、人に伝えたり、説明したりするために用いるものだった。ダ・ヴィンチの創造的思考にとって最も重要なツールは「イメージ」という伝達手段だったのだ。

〈ガリレオ・ガリレイ〉

ガリレオも偉大な創造的思考の天才に数えられる。一六世紀から一七世紀にかけて、彼は独自のノート法により、科学の世界に大変革を起こした。科学的問題を分析する際、同時代の人々は、従来どおり言葉と数字を使ったアプローチをしていたが、ガリレオはイラストと図形を用いて考えを視覚化していたのだ。

興味深いことに、ガリレオはダ・ヴィンチと同様、大いなる空想家だった。今では誰もが知っている「ランプのエピソード」によれば、あるとき、ピサの大聖堂から吊《つ》るされたランプがゆっくりと左右に揺れる様子をぼんやり眺めており、そこで「これだ！」という体験をしたのだそうだ。揺れ方の大小に関係なく、ランプが一往復する時間は同じだと気づいたのである。彼は、この「等時性」に関する観察をいわゆる「振り子の法則」へと発展させ、それが正確に時を刻む装置へと応用され、振り子時計が開発されたのである。

〈リチャード・ファインマン〉

ノーベル物理学賞受賞者の**ファインマン**は、若い頃、創造的思考過程の要《かなめ》は想像と視覚化だと悟った。そして、自分なりの想像ゲームをしたり、独学で絵を学んだりしていた。彼もまた、直線的な従来のノート法に頼らず、量子電磁力学理論のすべてを視覚化し、図形として表現した。これは、有名な「ファインマンの図形」（素粒子相互作用を絵で表現したもの）へと発展した。今では世界中の学生が「ファインマンの図形」を頼りに物理や一般的科学の分野で様々な概念を理解し、記憶し、アイディアを生み出したりしている。

ファインマンはこの図形に大変誇りを持っており、車にまで描いていたそうだ！

〈アルバート・アインシュタイン〉

二〇世紀の頭脳、**アインシュタイン**も、数字と言葉による従来の直線的表現に否定的だった。従来の表現手段は役には立つが、絶対に必要なものではなく、想像力のほうがよっぽど重要だと考えていた。実際、彼は**「知識よりも想像力が大切。なぜなら、想像力は無限だからだ」**と述べている。さらに、友人のモーリス・ソロヴィンに宛てた手紙では、自分の科学哲学を言葉で説明するのは難しいと弁明している。というのも、アインシュタインは言葉を使って考えてはいなかったのだ。もっと**図解的に思考していた**のである。

〈チャールズ・ダーウィン〉

進化論を展開するにあたり、**ダーウィン**は大変な課題に直面していた。自然界のあらゆる領域をできる限り探求し、各生物種とその類縁関係の分類、自然の規則性と不規則性についての説明、生物が有する爆発的増殖力と多様性の証明を試みようとしていたのだ。彼はどのようにしてこれをやり遂げたのか？　**マインド・マップの基本形を活用した**のである！

ダーウィンはマインド・マップ形式のノートを考案した。それは枝をのばした木によく似ており、五〇ページで紹介した「楽しい（FUN）」ゲームとほとんど同じ形をしていた。彼は、このマインド・マップの基本形を唯一の効果的手段として活用した。それにより、膨大なデータが収集でき、それを体系化し、様々な事項の関連を理解し、そこから新たな認識を生み出すことができたのだ。**ダーウィンは一五ヶ月で最初のマインド・マップ型ツリー図を描き、その間に進化論の主な構成をすっかり練り上げてしまった**そうだ。

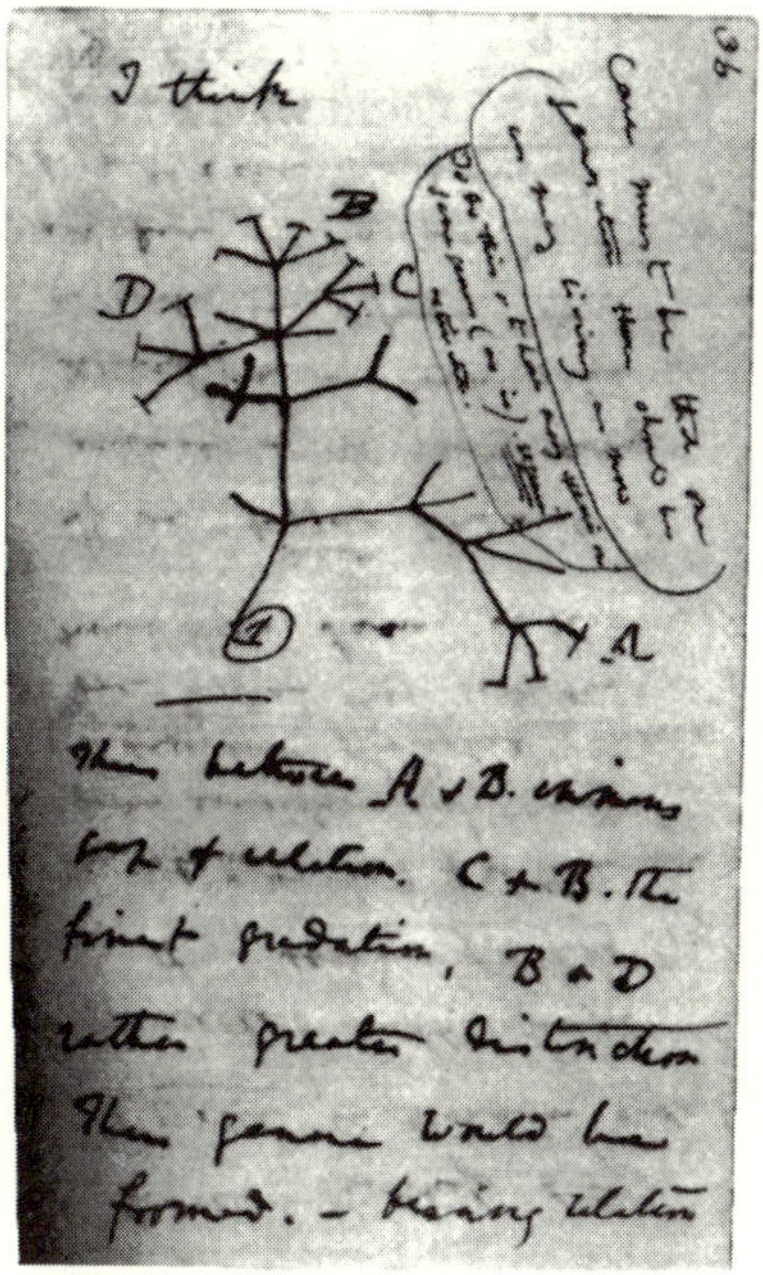

ダーウィンのノート

マインド・マップを使った新しい創造的思考知識が身についたところで、創造力トレーニングに挑戦しよう。

◆◆◆創造力トレーニング◆◆◆

1．ノートはカラフルに！

ノートを取るときは必ず色を使うこと。まずは四色ボールペンから始め、上達するにしたがって、ほかの色も使っていこう。色を使うと、ノートがより面白くなる。色はあなたの創造的思考過程を刺激し、人生に、文字どおり、色を添えてくれるだろう。

2．夢を書き留める！

白昼夢も夜見る夢も、視覚面の創造力を強化してくれる。自分が見たとっておきの夢の中から、どんなイメージでもアイディアでも構わないので、それらをなるべくマインド・マップ形式で書き留めておこう。これが刺激となり、よりカラフルな視覚に訴えるマインド・マップを作ることができるだろう。

3．アイディアを広げていく

週に一度、興味を引かれる言葉や概念を取り上げ、マインド・マップの基本形を一気に広げながら「楽しい（FUN）」ゲームをやってみよう。このトレーニングにより、マインド・マッピングのスキルは好調を保てるはずだ。

4. マインド・マップで問題解決

探求すべき創造的課題が持ち上がったら、いつでもマインド・マップを描いてみよう。その手順は次のとおり。

- 「楽しい（FUN）」ゲームをしたときと同じ要領で、マインド・マップによるブレイン・ストーミングを簡単にやってみる。色やイメージをプラスし、自分の脳が望むまま情報を書き足していく。このエクササイズは素早く行うこと。
- しばらくの間、脳にその問題について考えさせる。最低一時間。
- 再びマインド・マップに向かい、頭に浮かんだ新しい考えを追加していく。
- マインド・マップをもう一度よく眺め、どこかの枝に新たに連結すべき要素がないかどうか確認する。
- 連結すべきものがあれば、それを記号や色や矢印を使ってつなげる。
- 新たに作られた重要な連結を確認する。
- 脳に再び考える時間を与える。

●再度、マインド・マップを眺め、新しい連結を作れるかどうか確認し、あればそれを目立たせる。
●マインド・マップを眺め、問題の解決策を見極める。

5. マインド・マップでノートを取る

マインド・マップ形式の視覚的ノートを作っていた創造的大天才がもう一人いる。トマス・エジソンだ。彼はレオナルド・ダ・ヴィンチを見習って、このようなノートを作っていた！

エジソンは合衆国当局に次々と特許を申請していた。激しい創造的願望に駆られていた彼は、創造的才能を燃え立たせる最良の方法は、理想の人レオナルド・ダ・ヴィンチを見習うことだと思っていた。ダ・ヴィンチのやり方を真似、自分の創造的思考過程の一つ一つを非常に熱心にイラストで記録していった。そして、最終的には三五〇〇冊のノートができあがったのだ。

6. マインド・マップでスピーチ原稿

スピーチなど人前でしゃべる必要に迫られたときは、創造的マインド・マップの力を借りて、自分の考えを上手く伝えるようにしよう。

食後や祝典後のちょっとしたお礼のスピーチであれ、本格的ビジネス・プレゼンテーションであれ、創造的マインド・マップを使ったほうがずっと有利なのだ。ありがちなプレゼンテーションは、直線的で、退屈で、単調で、事前に台本ができていて、多くの場合ユーモアに欠けている。だから多くの人が人前でしゃべることを恐れ、聞く側もそのようなイベントには行きたくないと思ってしまうのだ！

マインド・マップを使えば気持ち（と自分自身）が自由になり、考えを素早くまとめたり、それらをきちんと整理して順序良く並べたり、スピーチ中に想像力を刺激してくれるイメージや、大事なアイディアをすべて取り込んだりといったことができる。おかげであなたはリラックスでき、無理なく、伸び伸びと話せるようになるのだ。スピーチをする側にとっても、聞く側にとっても、これはほっとする、楽しい話ではないか。

7．マインド・マップで将来設計

この場合、マインド・マップの中央には自分自身のシンボルや象徴を描き、主要な枝には、スキル、教育、旅行、仕事、財産、健康、友人、目標、趣味といったトピックを書き入れる。このマインド・マップ上に、自分が理想とする将来を創り出すのだ。自分がこうしたいと思ったとおりに、この先の人生をマインド・マップ化してみよう。魔法のランプの精からこう言われたと想像してみるのだ。「あなたの願いをすべてかなえてさしあげましょう！」

理想の将来を描いたマインド・マップができあがったら、指導者グループ（四〇～四三ページ参照）の力を借りて、将来像を実現させよう。多くの人たちが、この「人生を創造する」マインド・マップに取り組み、その素晴らしい効果を実感している。マインド・マップを作ってから数年以内に、計画の八割を達成しているのだ！

8. 言葉を使わないマインド・マップ

イメージだけを用いてマインド・マップを作ってみよう。言葉はいっさい使わないこと！イメージだけを取り扱う場合、脳はいつもと違った関連づけや連想をするだろう。あるトピックをこの方法で探求してみると、自分が創り出す新しい創造的リンクや関連づけに、あなたはびっくりするかもしれない。

9. マインド・マップ用カラー記号を考える

マインド・マップに書き入れるカラー記号の使い道を四つ考える。色や模様を使い、関連性、時間および思考の層、人、行動、緊急度などを示す方法を少しずつ見つけていこう。

10. マインド・マップを日常のあらゆる場面で活用する

家庭、職場など、人生のあらゆる領域において、マインド・マップが役立ちそうな事柄はすべてマインド・マップ化する。このマインド・マップの構築と拡張は常に続けること。そして、ほかの人のアイディアも付け加えよう！

第3章

中心から放射状に書くだけでアイディアがポンポン飛び出す

質と量は比例する

創造的思考における「なめらかさ」とは、あなたが生み出すアイディアの数とスピードを指す。「なめらかさ」は、創造的思考家や、すべての大天才が目指す最も重要な目標の一つだ。この目標そのものが、一つの問題を生み出す可能性がある。つまり、質の問題だ。思考のスピードを上げ、アイディアの大量生産を始めた場合、創造的アイディアの質はどうなるのか？下がるのか、現状維持か、それとも上がるのか？

意外にも（そして、ありがたいことに）、**アイディアの数や、それを生み出すスピードが上がると、アイディアの質も全体的に上がる。**

つまり、創造的思考では一挙両得が可能なのだ！

では、偉大な創造的思考家たちの例に注目し、この思考プロセスが彼らにどんな効果をもたらしたのか見てみよう。中には、驚くべきアイディア数、生産性を誇る思考家もいる。

● **マリー・キュリー（キュリー夫人）**――この偉大な化学者は、一度どころか二度も、しかも物理と化学という別々の分野でノーベル賞を受賞している。彼女の研究分野は、磁気学、放射線学に始まり、レントゲンを医療に利用する技術の開発にまで及んでいた。また、化学元素のラジウムとポロニウムの分離に成功した。

●**レオナルド・ダ・ヴィンチ**――実に様々な分野で、あまりにも多くのアイディアを生み出しているため、そのすべてを数え上げた者はまだいない！

●**チャールズ・ダーウィン**――進化論の提唱者は、このテーマで一〇〇〇ページを超える大著を書き上げたほか、科学に関する論文、本、冊子を一一九も執筆している。

●**トマス・エジソン**――登録特許数一〇九三件。一人が登録した数としては、未だに世界記録だ。また、彼は研究内容やアイディアをびっしり記したノートを三五〇冊残している。

●**アルバート・アインシュタイン**――相対性理論に関する見事な論文に加え、二四〇以上の科学論文を発表した。

●**ジークムント・フロイト**――心理学に関する論文を三三〇以上執筆し、発表した。

●**ゲーテ**――ドイツの偉大なる天才であり博識家でもあった彼は実に多作だった。そのため、全作品の中で使われた様々な言葉は五万語にも及んだ。

●**ガルリ・カスパロフ**――史上もっとも偉大なチェス・プレーヤー。世界中で行われた何千という名勝負に目を通し、それらを分析し、記憶し、創造的に解釈した。

●**モーツァルト**――創造力あふれる偉大なる天才音楽家は、短い生涯で六〇〇以上の曲を書いた。

その中には完成された交響曲が四〇作品も含まれている。

●**パブロ・ピカソ**——二〇世紀を代表するこの創造的巨匠は、二万点を超える芸術作品を生み出した。

●**レンブラント**——ビジネスを含む様々な活動に従事しながら、六五〇点以上の油絵と二〇〇〇点のデッサン画を完成させた。

●**ウィリアム・シェークスピア**——古今最大のイギリス人作家と称されるこの創造的天才は、二〇年にも満たない期間でソネットを一五四編、傑作と呼ばれる戯曲を三七編書き上げた。

以上のリストは、「天才は貴重なアイディアをわずかしか生み出さない。そして、それを出してしまうと、彼らの（創造的）力は底をついてしまう」という、よくある誤解を蹴散らしてくれる。真実はまったく逆なのだ。彼らは膨大な数のアイディアを生み出しながら、その生産性を加速させていく。というのも、人生を歩むにつれ、創造的エネルギーは自分が過去に成し遂げたすべての物事からパワーを蓄積していくのである。

では、偉大な創造的天才は「完璧な」アイディアを次々と生み出していたのか？　もちろん違う！　彼らが実践していたのは、**ひたすらアイディアを出す**ことだ。アイディアの多くは特に素晴らしいものではなかったが、素晴らしいものが見えてきそうな「素晴らしくないもの」

だったのだ。

実は、**偉大な創造的天才たちは、質に執着することなく、絶えずアイディアを出し続けることで、確実に高い質を生み出していた。彼らは右脳と左脳のコミュニケーションを促進しながら、相乗効果的な、複合的思考プロセスを作り上げた。**これは頭の使い方を理解している人ならではの思考プロセスだ！

頭の使い方を知る人といってまず思い浮かぶのが、**レオナルド・ダ・ヴィンチ**である。彼は自分のノートに思いつくまま、文字どおりいたずら書きをし、その中から天才的アイディアを飛躍していった。

ダ・ヴィンチを大いに信奉していた**トマス・エジソン**は、まったく同じアプローチを試みた。エジソンは、創造とは、正直に、楽しく、一生懸命働き、遊ぶことだと考えており、「(創造的)天才は一パーセントのヒラメキと、九九パーセントの努力によって生まれる」と述べている。そして自分もその言葉を実践した！　九〇〇〇回の実験を経て白熱電球を完成させ、五万回以上の実験を経て、蓄電池を発明したのだ。

何が何でもアイディアを生み出そうとした彼の没頭ぶりは、ニュージャージー州のエジソン研究所に併設する博物館を訪ねれば、実感できるだろう。ずらりと並んだ蓄音機用ホーンスピーカーに、あなたは自分の目を疑うに違いない。それは、想像し得る限りの、ありとあらゆる素材、形、構造、大きさで作られており、奇妙な宇宙人を集めてきたかのようだ。丸いものもあれば、四角形、多角形のものもあり、太いもの、短いもの、長いもの、細いもの、直線的なもの、曲線を描くものなど様々で、不格好なものもあれば、美しいものもある。

これらのほとんどはエジソンが没にしたモデルだが、実験に向けられた彼の熱意や、危険を犯しながら何度も挑戦を繰り返し、ついに自分が追い求める理想の答えを発見した彼の努力に贈る賛辞としてそこに並んでいるのだ。

「失敗」に対するエジソンの考え方は理想的だった。白熱電球の内部でより長持ちするフィラメントを発見しようと試み、すでに何千回も失敗を繰り返していたときのことである。助手たちが「なぜ、そこまで粘るのか？」と尋ねると、彼は穏やかに「私は一度も失敗していないがね！」と言ったそうだ。それまでの実験で判明したのは、数千個の素材は役に立たないということであり、当然、役に立つものが一つはあることを意味していたのだ。

たくさんのガラクタの中に金は混ざっている

創造的なアイディアを生み出すプロセスは、金の選鉱によく似ている。砂金《さきん》は、川底に沈んでいる無数の石や砂粒《さりゅう》からわずかに採取されるものだ。知性の川についても、まったく同じことがいえる。

石や砂粒に相当するのが、手元にあるすべてのアイディアだ。金（創造的な素晴らしいアイディアや創造的な新しい解決策）を採るには、知性の川底にあるすべての砂粒を取り除き、本物の金の塊を見つけなければならない。

偉大な創造的天才たちはそれを承知していた。だから、**アイディアを何百と生み出して、そこから本当に価値のあるものを取り出していた**のだ。ディーン・キース・サイモントンは、歴史上の創造的科学者二〇三六人について研究を行い、ある事実を発見した。**高く評価される科学者の大半は、ほかの科学者に比べて素晴らしい業績をたくさん残しているが、「へま」もたくさんやらかしていた**のである。

つまり、偉大な人物は、多くのアイディアを生み出し、すべてのものから最高のアイディアを選択していたのだ。

これで創造的生産性の秘密はお分かりいただけただろう。では、より多くのアイディアをハイスピードで生み出してみよう。そうすれば創造的思考の生産量と威力はともに高まっていくはずだ。

さあ、創造力トレーニングをやってみよう。

◆◆◆創造力トレーニング◆◆◆

1．高速創考

大半の人は「普通」の速さで考えている。しかし、この速さは、実は自分の可能性の範囲としては、下のほうのスピードなのだ。そのことを自覚し、考えるときのスピードに意識を集中させるだけで、あなたの創造的スピードは自《おの》ずと速くなっていく。

2．アイディアを生み出す脳力は無限

第2章の「楽しい（FUN）」ゲームを覚えているだろうか？　また、読もうと思っていた雑誌や本にずっと手をつけない言い訳や、やろうと思っていた物事に未だに手をつけない言い訳を創り出す自分の無限の脳力を思い出せるだろうか？

生活を振り返り、自分がやり終えたことに、すべて印をつけていこう。自分に備わる無限の創造力をより深く理解すれば、脳は自ずと創造力の水門を開けてくれるだろう。

3．言葉の関連を作る

八〇ページにいくつかの言葉が点在している。「なめらかな思考」を鍛えるため、ここから無

作為に言葉を一つ選び、その言葉と、それ以外の言葉との関連を創っていこう。

一組の結びつきにつき、類似点を最低五つ考えること。その発想は、ばかげていればいるほど良い！　二つの言葉の間に一〇個の類似点を見つけられれば非常に優秀。一五個なら世界の上位一パーセントに入れる。二〇個以上なら、この分野ですでに創造的才能を発揮していることになる！

4．語彙を増やす

毎日たった一語でも語彙を増やしていけば、毎年三六五語の新しい言葉を覚えることになる！　その結果、頭の中に連想用の「中心」が新たに三六五個でき、その一つ一つがアイディアになりそうなものを待ち構え、捕まえよう（関連づけをしよう）とするのだ。

語彙を増やせば、アイディアの量も、それを生み出すスピードも向上するだろう。

5．独りでのブレイン・ストーミング

自分でブレイン・ストーミングをするときは、アイディアを垂れ流してしまおう。できるだけ多くのアイディアを、できるだけ迅速に出し、内容の善し悪しや、現実的か否かの判断はアイディアを出し切るまで保留にしておくこと。

アイディアを出す過程でしょっちゅう訂正をしたり、粗捜しをしたりするのはごく一般的なことだが、実はこれはあなたの創造力を破壊するのにうってつけの方法なのだ!

6. グループでのブレイン・ストーミング

手順は「独りでのブレイン・ストーミング」と同じ。ただしグループで行う場合、ほかの人たちにも「どんなに突飛なアイディアでも遠慮なく発言しよう」という気持ちになってもらうことが必須である。

何らかのアイディアをグループの誰かが批判し始めたら、あなたは直ちに創造的リーダーとなり、こう言うべきだ。「ええ、確かに鋭いご指摘です。でも、次の段階に進むまで批判は控えておきましょう。さあ、どんどんアイディアを出してください!」

7. 速度を上げるためにのんびりする

ここでもう一度考えていただきたい。どんな状況で、どんなときに、創造的アイディアがあふれ、素晴らしい思い出が怒濤《どとう》のごとく蘇《よみがえ》り、問題の解決策が突如《とつじょ》明らかになるのだろう?

それは、リラックスしているとき。そして、独りでいるときだ。

創造力の「なめらかさ」を向上させたければ、「ゆったりした状況」に身を置く機会を定期的に作らなければならない。このような状況でこそ、体は休まり、脳の働きはスピードアップし、あなたのためにあらゆる仕事をしてくれるのだ！

8. マインド・マップ用ノートを常備する

ベッドの脇、机の上、車の中など、アイディアがほとばしりやすい場所に、無地のノートを常備しておくこと。あるいは、常にノートを持ち歩くようにしよう。アイディアを爆発させるときは必ず、それをマインド・マップの形式で書き留めておくのだ。ノートが手元にあるというだけで、脳には励みとなり、より創造的な考えを生み出してくれるだろう。スナック菓子を持っていると、かじりたくなるのと一緒だ！

9. いくつアイディアを出すか設定する

従来のブレイン・ストーミングでは、平均的な人で、七～一〇個のアイディアを出す。二日間のセッションの場合、平均的なグループは一二〇個のアイディアを思いつく。

個人の目標として二〇～四〇個、グループの目標として二〇〇～四〇〇個のアイディア発想を設定しておけば、あなたは「いつもより多くのアイディアを考えよ」と、脳に強いるだろう。より多くのアイディアを生み出せば、それだけ金塊《きんかい》を発見する見込みが（すでにご存じのように）増えるのだ！

川
息子
オレンジ
鳥
剣
つめ
ビン
宇宙船
ペン
暦月

白熱電球
月
葉
バス
カエル
カブトムシ
石
太陽
腕時計
胸
ギター

第4章

へんてこな連想があなたを魅力的にする

エキセントリックな感性

創造的思考の柔軟性は、体の柔軟性とよく似ている。つまり、柔らかい脳は、あらゆる角度で、あらゆる方向に、楽々と、流れるように思考を動かすことができるのだ。

創造的独創性とは、あなたの思考が実際、どれくらい人と違っていて、どれくらい特別で、どれくらいユニークで、どれくらい異常で、どれくらい標準から離れているかということだ。

「独創性」について考える際、「エキセントリック（=eccentric）」という言葉を頭に浮かべてみるとよい。この言葉には本来どんな意味があるのか？「ec」は「～から外れた」を意味し、「centric」は「中心」を意味する。よって、「an eccentric《エキセントリックな人》」は「中心から外れた」人、つまり「普通ではない」人ということになる。創造的思考では、「普通ではない」ことがすべてなのだ！

頭の柔軟1――ひねくれた視点

普通の人は、たった一つの視点で――たいがいは自分の視点で――物事を見る。それに対し、創造的天才たちは無数の視点で物事を見ることができる。物事を様々な視点から見るこの脳力は、詩作、演技、教育、リーダーシップなど、非常に幅広い分野で活躍する天才が当然持っているべき資質なのだ。この点を説明してくれる素晴らしい例をいくつかご紹介しよう。

〈テッド・ヒューズ〉

イギリスの桂冠詩人**テッド・ヒューズ**は、自然詩人の一人に数えられる。自然、動物、生物について自分の視点というよりは、そういったものの視点で詩を書いていた。つまり、詩の中で、キツネ、雄牛、ジャガー、無数の鳥、魚などになりきったのだ。

次の詩では、体力、活力ともに絶頂期にある鮭の気持ちに、ヒューズがどのように入り込んでいるかが分かる。

エネルギーの大波に乗って、ふわりと浮く
体はまさにエネルギーのよろい
朝早い、あの自由の海で、猛烈な驚きに満ちた人生で
口いっぱいに広がるしょっぱさは確かな現実
光のような力を持って

〔『October Salmon（一〇月の鮭）』より〕

〈ジョディ・フォスター〉

ジョディ・フォスターはこれまでずっと女優という仕事を続けてきた。これは人の身になって考えることが何よりも重要視される職業だ。わずか三歳で最初のテレビ・コマーシャルに主演し、一四歳のときには『タクシードライバー』で、初めてアカデミー賞にノミネートされている。この三〇年間で、彼女は五〇近くの役柄を演じているが、最も印象的だったのは『告発の行方』の被害者と、『羊たちの沈黙』で演じた特別捜査官、クラリス・スターリングだ。

彼女は、無数の様々なキャラクターになりきれるだけではない。一九九〇年代にはカメラの後ろに回ることで視点を変え、自ら映画を制作し、監督した。そして、批評家から大いに評価されたのだ。また、彼女はイェール大学卒業生、母親、明敏な実業家といった視点からも人生を見つめている。

〈マリア・モンテッソーリ〉

一八〇〇年代終盤から一九〇〇年代初期にかけて、イタリアに驚くべき女性が存在した。若き日の**マリア・モンテッソーリ**は一つの悟りを得ていた。彼女はイタリアで初めて医学の学位を与えられた女性としてすでに有名になっていたが、それは今からわずか一〇〇年少し前の話である。

とりわけ子どもに関心を持っていたモンテッソーリは、幼稚園や小学校を訪問しているときに、あることに気づくのだが、その後、彼女のおかげで、幼い子どもの教育に対する世間の考え方は変わっていった。

彼女が実感したのは、学校ではすべての物事が大人の視点で作られ、教えられているという点だった。椅子や机は大き過ぎ、手触りも悪く、重かった。物事の秩序は厳しく守られ、行儀に関する規則は軍隊を手本にしていた！　色彩にも欠けており、色が使われても、「事務的」で退屈な色ばかり。それに自然もまったく取り入れていない。静かにしていることがルールであり、質問は禁じられていた。教えることといったら、読み書きと算数だけ。創造力は完全に欠けていたのだ！

モンテッソーリは、四～五歳の子どもの気持ちになり、彼らのために新しい世界を創り出した。

彼女の学校では、子どもの体に合わせた椅子や机が作られ、教室には、様々な色、見て美しいもの、様々な質感、香りがあふれ、植木、水槽、ペットを利用した「自然」も取り入れられた。また、活発な行動が奨励《しょうれい》され、質問をするとほめられた。そして、知識欲が旺盛で、創造的な子どもには、その知性を探求し、表現し、向上させる、あらゆるチャンスが与えられた。

一人の人間が違う視点で物事を見たことにより、世界の教育制度が一変し始めたのだ。

〈**アレクサンダー大王**〉

アレクサンダー大王は、軍事的発明や戦略において尽きることのない創造力を発揮した人物であり、古今最大の戦闘指揮官として、またリーダーとして名声を博した。彼には異なる視点で物事を見る素晴らしい才能があり、他者の視点はもちろんのこと、動物の視点に立つこともできた。

あるとき彼は、ブケファロスという大きな馬に引き合わされる。それまでこの馬を乗りこなせた者はおらず、アレクサンダー大王にもついに強敵出現か、と思われた。

しかし、馬は彼の敵ではなかった。

ほかの者たちは、ひたすら力ずくでこの大きな雄馬をねじ伏せようとしただけだったが、アレクサンダーは彼らと違い、馬の気持ちになって考えた。そして、ブケファロスがあるものを怖がっていることに気づいた。馬自身の影である。そこで、馬を押さえ、太陽のほうに顔を向けさせた。影が消えるとブケファロスは落ち着きを見せ始めた。アレクサンダーは彼を乗りこなし、飼い慣らしていったのである。

〈**マーティン・ルーサー・キング・ジュニア**〉

一九五〇年代から六〇年代にかけて、黒人公民権運動の偉大なる指導者**キング牧師**は、社会正義、人種差別の終焉《しゅうえん》、黒人と白人とを分離する政策の廃止を求め、アメリカで根気強く運動を続けた。彼のカリスマ的リーダーシップと、人を奮い立たせるようなスピーチに、アメリカのみならず世界中の何万という人々が感化され、政府の良識ある人々を揺り動かすべく、非暴力・直接行動に参加した。

キング牧師は他者の立場で物事を見る術《すべ》に長《た》けていた。それは隣の白人と同じ条件で働きたい貧しい無職の黒人の立場であり、家族を支えていくことに不安を感じる貧しい白人労働者の立場であり、様々な階層の有権者を喜ばせたい大統領や政治家の立場だった。彼は他者の立場や問題を理解できたからこそ、素晴らしい、偉大な功績を残せたのである。

頭の柔軟２――創造的なカップル

違う視点で物事が見られるという点に加え、偉大な創造者たちは、誰も考えつかなかったやり方で物事を結びつけることができた。ここでもいくつかの例をご紹介しよう。

〈アイザック・ニュートン〉

頭にリンゴが落ちてきたとき、**ニュートン**は万有引力の法則を発見するきっかけをつかんだ、という話は誰もが知っている。この神話はほぼ正しいものの、正確ではない。実は、本当の話はもっと興味深いのだ。

彼は確かにリンゴが（自分の頭にではなく）落ちる様子を見て、あの理論を思いついたのだが、そのとき、空に月が掛かっていることにも気づいたのだ。

彼の頭に子どものような素朴な疑問が浮かぶ。「なぜリンゴは落ちたのか？」

そして、もっと重要な疑問も湧いてきた。「なぜ月は落ちないのか？」「リンゴは落ちて、月は落ちないのは同じ法則による現象か？」

まったく異なる球体の運命を結びつけて探求したことで、ニュートンの創造的思考過程は刺激され、あの理論は展開していったのだ。現代工学、科学のほとんどの分野で、彼の理論は今も核となっている。

〈グレガー・メンデル〉

一九世紀に活躍したオーストラリアの植物学者**メンデル**は、修道院の庭で空想にふけったり、色とりどりに咲くエンドウの美しい花を眺めたりしながら何時間も過ごしていた。あるとき、彼の目に驚くべき関係の存在が明らかになった。エンドウの花には様々な色が現れるが、これは単純な数学的連鎖と関わりがあるようだと気づいたのだ。

関連づけという、この単純かつ見事な観察から、メンデルは「遺伝の法則」を発見した。結局この法則が、今では遺伝子工学と呼ばれる数十億ドル産業を生み出すきっかけとなったのだ。

〈レオナルド・ダ・ヴィンチ〉

今までにない関連性を見つけること、これは**ダ・ヴィンチ**の最も優れた創造力の一つだった。特に興味深い観察を紹介しよう。

彼は、秋になって木の葉が地面に落ちると、それが縞模様《しまもよう》の層になることに気づいた。つまり、先に落ちた葉は腐って、より黒ずんだ層を作り、落ちたばかりの葉はより薄い色の層を作るのである。

ダ・ヴィンチは、この落ち葉の観察と、断崖や山肌に見える色の違う層とを結びつけて考えた。つまり、地質学の背後にある基本概念に気づいたのだ！

頭の柔軟3――さかさま

斬新な結びつきを見つけるもう一つの面白い方法は、逆転という創造的手段である。逆転の発想をする場合は、そこに存在するものを取り上げ、その逆を考えてみればよい。この方法はとても役に立ち、ユニークな結果が得られる。

〈モハメド・アリ〉

モハメド・アリは、多くの人から「この一〇〇年間で最も偉大なスポーツマン」と見なされている。逆転の発想という創造的思考テクニックを有利に活用した人物だ。

誰もが「体重のある人間にダンスはできない」と言ったが、アリは舞った！

誰もが「ボクシングをやるときは、常に両手を挙げておくべきだ」と言ったが、アリはその手を下ろした！

誰もが「大きな男は動きが鈍い」と言ったが、アリはどんなボクサーよりも俊敏に動いた！

従来の考えを逆転させる力があったからこそ、アリは自分が選んだスポーツをまったく新しい、創造的レベルへと導くことができたのだ。

〈ディック・フォスベリー〉

一九六〇年代、アメリカの若き走り高跳び選手**ディック・フォスベリー**は、ほかの選手と同様、顔と胸を下に向けてバーを跳び越えるトレーニングをしていた。あるとき、彼は自分自身に「逆の」問いかけをする。「逆向きで跳び越すとどうなるんだろう？」

果たしてその答えは？　彼はより高く跳ぶことに成功したのだ！　考えを逆転させるという、ただそれだけのことで、まったく新しい跳躍テクニックを発明した。それだけではない。彼は走り高跳びの形態を永久に変えてしまい、革命的新技術の名を後世に残した。その名も「フォスベリー・フロップ（＝背面跳び）」である。

〈ミケランジェロ〉

おそらく歴史上最大の彫刻家であろう**ミケランジェロ**は、逆転思考の実践者でもあった。たいがいの彫刻家や美術教師は「彫刻家の目標は、不格好な大理石の塊の上に一つの姿を刻みつけること」と考えていた（今も考えている）が、ミケランジェロは「逆だ」と感じていた。完璧な姿はすでに石の中に存在する、と考えたのだ。つまり彼の課題は、余計な石を削り取り、すでに存在する姿を石の監獄から解放してやることだった！

このように考えることで、ミケランジェロの仕事は概念的にはずっと楽になっていた。頑固な石に自分の意志を押しつけねばならないと考えるのではなく、イメージの虜《とりこ》となって、「この下に横たわる美女を浮かび上がらせよう」と考えながら石を削り取ればよかったのだ。

徐々に気づかれると思うが、物事を違う視点で見たり、新しい関連を作ったり、概念を逆転させたりすることで、びっくりするほど斬新なアイディアを生み出すことができる。

これを実践していけば、あなたは一人の人間として、誰の目から見ても、他者とはかなり異なる、より特別な、普通とはかけ離れた、独創的かつユニークな存在になっていく。ほかの人たちから、「特別」、「独創的」、あるいは「天才」とまで言われる存在になっていくのだ！

◆◆◆**創造力トレーニング**◆◆◆

1．聞き上手になろう！

人があなたに何かを説明したり、自説を提示したり、問題を説明したりするときは、彼らの言葉に耳を傾けるだけでなく、「この人はどんな人物なのか」という点に注意して話を聞くようにしよう。相手が説明しようとしていることすべてを、その人の観点から理解するのだ。

これができるようになれば、あなたは「聞き上手な人」、「他人に関心を持てる人」、「興味深い人」、「信頼できる友人」、「くつろいだ気分にさせてくれる人」として評判になるだろう。また、聞いたことを記憶する脳力や、多種多様な観点から物事を見る創造力も伸ばすことができるはずだ。

2. 自分以外の存在になって考える

単にほかの「人」の身になるという意味ではない。ほかの生き物の立場にもなってみるのだ。ある動物を見たら、その動物の立場で世界や自分自身を見てみよう。想像力を駆使していろいろなものの立場になってみるのだ。たとえば、食事に使うスプーンの立場とはどんなものだろう？　あなたが投げようとしているボールの立場は？　あなたがかぶろうとしている帽子の立場は？　今、運転している車の立場は？　あなたが観察している虫の立場は？　あなたが見ている星の立場は？

3. 生活を逆転させる！

自分の生活と、そのあらゆる側面や活動に目を向け、すべての物事を一つ一つ逆転させてみよう！　このエクササイズにより、自分がどんな人間で、どんなことをしているのかが新たな目で見られるようになる。そして、変えるべきところは変え、今のままで満足し、やりがいが感じられる部分はそのまま続行すればよい。衣服、友達、食べ物、場所、趣味について考えてみよう。普段スポーツ・ジムに夕方通っているなら、朝食前に行ってみてはどうか？　部屋の役割を交換し、居間で寝て、寝室で生活してみてはどうか？

おそらく、大部分は元に戻そうと思うだろう。しかし、逆転させることで生活がもっと楽しく、もっと創造的に、もっと豊かになったと感じられることも少なからず存在するはずだ。

4. 新しい組み合わせに挑戦する

日常生活のあらゆる物事を再編成しよう。たとえば、新しい種類の食べ物に挑戦する、普段は使わない色や素材を使って部屋を装飾する、家具の配置を変える、新しい趣味を始める、人付き合いの輪を広げるといったことをやってみるのだ。

5. 気の利いたジョークを考える

ジョークを考える場合、関連性のない二つの事柄が斬新かつ面白おかしく結びついているもの、あるいは、普通の概念を逆転させて人をゲラゲラ笑わせるものが最も気が利いている。ユーモアは極めて独創的な活動であるから、いつもジョークを飛ばして笑っている人たちと一緒にいればいるほど、あなたの創造的思考力も向上していくだろう。

6. 関連づけの練習をする

毎日の生活で、まったく異なる対象を任意に二つ選び、ユーモラスで気の利いた結びつきを考えてみよう。

たとえば、「ボクシング」と「昆虫」という概念をあなたならどう結びつけるか？　モハメド・アリは、こんな言葉で関連づけてみせた。

「蝶《ちょう》のように舞い、蜂《はち》のように刺す！」

7．生活の中で様々な活動をリンクさせる

これを実践した素晴らしいお手本はトマス・エジソンである。エジソンの研究所は納屋《なや》のような巨大な建物で、内部には様々な実験台とベンチ椅子が並び、各実験台では様々なプロジェクトが進行していた。

エジソンが仕事場をこのような設計にしたのは、進行中のプロジェクト同士を頭の中で関連づけるためだった。一つの実験でやっていることは、そのほかの実験と思いがけないところでつながっている可能性があると考えたのだ。エジソンは、この方法が新しいアイディアを生み出す際に大いに役立つことを理解していた。

このようなアプローチをしていけば、自分の人生が思ったよりずっと統合的で均整が取れていることに気づくだろう。また、人生に創造的要素を新たに加えるチャンスにも恵まれるはずだ。

8．奇抜な関連づけゲームをする

パーティーやお祝いの席で、出席者全員に条件となる対象を提示し、それらの最も変わった関連性を見つけてもらおう。

9．より独創的なアイディアを創造する

本書を通読し、各章同士を新たに関連づけてみよう。そして、自分の考えを逆転させるのだ！

第5章

「連想」が創造的大天才を生んだ

脳は放射的に考える

おそらくもう気づかれたと思うが、これまで検討してきたあらゆるアイディアを理解する鍵が一つある。**「連想」**だ。

「なめらかさ」「柔軟性」「独創性」「逆転の発想」はすべて、この魔法の言葉が基になっている。これこそ、**偉大な創造的天才たちが偉業を成し遂げた秘訣**なのだ。

連想は、脳の根本的思考方法の鍵を握っている。この鍵の存在を知り、使い方を知れば、自分の中に無限の宝物が埋まっていることが明らかとなり、それを探し当てながら今後の人生を歩んでいけるだろう。

というわけで、本章では創造力トレーニングの拡大版をお届けする。楽しくて、手応えがあって、ためになる、びっくりするようなエクササイズだ。

◆◆◆創造力トレーニング◆◆◆

1．あなたの中で起こる連想

ここでは、自分をスーパー・コンピュータだと仮定しよう。あなたは、ある情報にアクセスし、それに関連する事柄と自分自身について、いくつかの調査をせよと命令を出されることになる。「データ」を見て、それに「アクセス」したら、創造的に湧き上がる「連想」を探求しながら、しばらくの間、そのデータを頭の中で漂わせておこう。

データ（＝ある名前）が提示されたら、自分に次の質問をすること。

- その名前の主がすぐに認識できたか（データにアクセスできたか）？
- その情報を得るまでにどれだけの時間を要したか？
- 自分が引き出したデータは頭の中に言葉として表示されたか？　それともイメージとして表示されたか？
- アクセスしたイメージの出所はどこだったか？
- イメージに色はついていたか？
- 色がついていた場合、それはどこから発していたか？

●何を使ってそのイメージを見たのか?
●そのイメージから広がる連想はどのようなものだったか?

準備ができたら一〇八ページを開き、枠で囲まれた名前を見ていただきたい。名前を記憶したらすぐに本を閉じ、そのまま連想を働かせよう。それから、今読んだばかりの質問に答えるのだ。

最初の質問には、ほとんどの人が「はい」と答える。

二番目の質問には、ほとんどの人が指をぱちんと鳴らす。つまり「即座に」答えたということだ。

この「即座に」が何を意味するのか考えていただきたい。彼らは、テラバイトのデータベース(これまでの人生で蓄積された驚異的記録)全体に手当たりしだいにアクセスし、しかもそれを「即座に」やってのけたと言っているのだ! イメージの再生という、驚くほど複雑なプロセスを人間の脳はどのように行っているのか? これを説明できれば、あなたは「即座に」ノーベル賞がもらえるだろう!

あなたに突き止められる(リンクされる)まで、その名前の人物はずっとどこに隠れていたのか? これが説明できれば、ノーベル章がもう一つもらえることになる! さらに、その人物が実際、脳のどの場所にいるのか？　その人物に関連する色はどこからやってくるのか？　その人物のイメージをどうやって、何を使って（目ではないことは明らか）見ているのか？　これらを説明できれば、ノーベル賞はあと三つ増えるのだ！

あなたが友達とお茶を飲みながらおしゃべりをしているとき、あなたたちの脳は、一連の連想作業を電光石火のスピードで、しかもこのような信じ難い効率となめらかさで行っているのだ。しかし、当の本人は、自分のやっている作業がどんなスーパー・コンピュータにも不可能なことで、世界中のどんな偉大な科学者にも説明不可能なことであるという事実に気づいてさえいない。

実は、あなたの脳は驚くほど連想的なのだ！

いずれ気づかれるだろうが、このトレーニングは、第2章で実践した「楽しい（FUN）」ゲームに似ている。同じように、無限の拡大脳力を秘める巨大なマインド・マップがあなたの脳内に創られていく様子が分かるのだ。

2．マインド・マップ

今後、頭を使うべき課題ができたら、いつでもマインド・マップを活用しよう。直線的ノートは監獄であるばかりか、サムライの刀のごとく、頭に浮かんだ考えをバサバサと切り落としていく。マインド・マップを使えば、あなたは自分の脳が創り得る無限の連想宇宙を探索できるのだ。

3．万事はほかのすべてのものとつながっている

偉大な創造的頭脳を発達させるダ・ヴィンチの手法のうち、最大の要《かなめ》となるのは「関連づけの原則」である。つまり「万事はほかのすべてのものとつながっている」のだ。ダ・ヴィンチはこの点をこう述べている。「すべてはすべてのものからやってきて、すべてはすべてのものから作られ、すべてはすべてのものに戻っていく」

彼の言葉に賛成？

もし、あなたがごく少数の反対派だとしたら、どうやっても結びつかない物事を二つ見つけて、ダ・ヴィンチが間違っていることを証明すべきだ。

ダ・ヴィンチはこの「関連づけの原則」を用いて驚くべき洞察力を発揮し、我々を取り巻く世界の本質を見抜いた。彼の洞察は、現代科学のほとんどの分野を支える土台となっている。

ダ・ヴィンチの関連づけを二つご紹介しよう。ぜひ、お手本にしてほしい。

「水面の動きと髪の毛の動きがいかに似ているか観察してみるがよい。髪の毛には二つの動き

がある。一つは髪の毛の重みから生ずる動き、もう一つは髪の毛のうねりやカールによる動きだ。同じように、水にも激しい流れからカールが生ずる。その一部は主流の力に従い、ほかのカールは、何らかの反射作用に従って動く」

「水面を打つ石は、その周囲に何重も輪を作り、輪はどんどん広がって、最後には消えてゆく。同じように、声や音で打たれた空気も円を描きながら動いていく」

4．クリップのあり得ない使い道を考える

五分間で次の創造的ゲームをやってみよう。

五分間ブレイン・ストーミングを行い、どうやってもあり得ないクリップの使い道をできる限り迅速に書き出すのだ。

ゲームをしている間、本書で学んだツールを使えるだけ使ってほしい。あなたの強力な脳から引き出せるものすべてをこの課題に注ぎ込もう。特に、自分の無限の脳力についてここで学んだこと、「なめらかさ」「柔軟性」「独創性」「連想」に関する情報をすべて動員するのだ。

準備ができたらゲームを始めよう。課題をやり終えたら、自分が出したアイディアの数を合計すること。そして、自分がいちばん創造的だと思うアイディアに丸をつけ、続きを読んでみ

よう。

これまでの創造的思考ゲームでは、思いついたアイディアの数が一〇個以上なら良しとされ、二〇個以上なら優秀と見なされる。

しかし、あなたが今やり終えたゲームの場合、妙な結果になってしまう。アイディア数が多くても優秀だし、少なくても優秀と見なされるのだ！！

たくさん思いつけば、明らかに優秀であり、「なめらかさ」「柔軟性」「独創性」「連想」といった脳のスキルがうまく機能している証拠となる。

しかし、まさにこのスキルが内なる葛藤《かっとう》を引き起こし、生産性を落としてしまう場合もあるのだ。一例をご紹介しよう。かつて私がこのゲームを試したとき、ある女性は「クリップで液体を飲むことはどうしてもできそうにない」と考え、その後、自分自身にこう文句をつけた。「でも、どろっとしたスープならクリップですくえるかもしれない。時間はかかるかもしれないけど、クリップで液体を飲むことはできそう」

では、あなたが考えた「クリップのあり得ない使い道」を検討してみよう。特に、いちばん創造的と判断したアイディアについて、自分自身に「この場合、どうにかしてクリップを使えないだろうか？」と問いかけ、議論するのだ。そして、友達にもこの問題に挑戦してもらおう。

5. 原因と結果

現代科学の基礎である「原因と結果」は、脳の驚くべき連想脳力によって決まる。

原因とは、別の事柄に論理的に結びつくものを指す。したがって、「結果」に対する想像上の「原因」を多角的に考え出すことで、創造力を鍛えることができるのだ。たとえば、腹を立てている人を見かけたら、その人物から連想される怒りの原因を少なくとも一〇個は考えてみよう。同じように、鳥の群れが突然、鋭角を描いて空に飛び去っていくのを見たら、彼らがそのような行動を取った理由を考えてみるのだ。ほかにも、まだまだ続けられる！

こういった想像ゲームをすることで、あなたの生活は素晴らしい創造的瞬間で満たされ、想像力や創作力もアップする。実際、人気推理小説家の中には「こういう事態が発生し、それが～を引き起こしたら、どんな結果が待っているか？」という仮定作りから創作に入る人もいる。

6. 連想ゲーム

このゲームでは、ある職業とそれに関係する重要なアイテムを書き出してみよう。たとえば、ゴルファーとゴルフクラブ、作家とペン、漁師と網、清掃作業員とごみ箱、プログラマーとコンピュータ、サッカー選手とサッカーボール、警察官とパトカー、ニュースキャスターとテレビ、肉屋と肉切り包丁、といった具合である。

次に、職業と必須アイテムをごちゃ混ぜにして組み合わせ、この新たな結びつきから創造的に膨らんでいく架空のシナリオを作ってみよう。

これは友達と一緒にやると最高に楽しいゲームとなる。驚くほどウィットに富んだ結果が得られ、大笑いすることだろう！　同じ原理でゲームは無限に考え出せるはずだ。

7．連想を使った記憶術

記憶の土台となる二大要素は何か？　連想と想像だ。私は近頃、脳や知性に関わるこの分野の研究に取り組んでおり、創造力と記憶力は相反するものではないことを発見した。創造力と記憶力は同一なのだ！　創造力を働かせる場合、あなたは新しいアイディアを創造するために連想をする。そして、記憶力を働かせる場合も、アイディアを再現、つまり再「創造」するために連想するのだ！

したがって、今後は本書で学んだことを一つ残らず活用し、「再創造」する記憶力を伸ばしていこう！

たとえば、車を駐車するときは、その場所と常にある周囲の何かを関連づけるとよいだろう。鍵、財布、パスポート、書類カバン、コート、傘をどこかに置く場合も同様だ。このような大切な物と、それを取り巻く環境とを関連づけておき、後からそれを置いた環境をまず思い出し

（再生し）、目的物がその環境のどこにあるかを思い出すようにしよう。

パーティーで初対面の人の名前をすぐに覚えられる人は、たいがいこのテクニックを使っている。つまり、その人物と名前を、後で思い出せそうな（再生できそうな）ものと関連づけるのだ。

8．日常生活で連想の実験をする

食生活、衣服、友達付き合い、休日の計画など、生活の様々な領域で新しい組み合わせを試してみよう。今回は特に、無限の可能性を秘め、素晴らしく有能な連想マシーンである脳の力を試し、伸ばしていくのだという意識で取り組んでほしい。

9．「宇宙と私」ゲーム

このエクササイズでは、「連想宇宙の中心」に自分を置かなければならない。一日一つ、概念やアイディアを任意に選び、自分とその概念を結びつける方法やアイディアを五つ以上考え出してみよう。スタートとしては次の組み合わせをお勧めする。

●化学と私
●太陽と私
●月と私
●ビデオカメラと私
●鳥と私
●宇宙船と私
●愛と私
●クリップと私
●地球と私
●色と私

10. あなたと動物

魅力的な連想ゲームをもう一つご紹介する。次の分類——ほ乳類、鳥類、魚類、は虫類、昆虫類——から、できるだけ多くの生物種と自分とを比較してみよう。そして、ケースごとに似ている点と異なる点を書き留め、どの動物が自分にいちばん似ているか、あるいは理想的かを決定するのだ。

これは友達や仕事仲間と楽しむには最高のゲームであり、初対面の人と打ち解ける手段としても素晴らしい。

ビル・クリントン

第6章

あなたは天才詩人だ

詩の虜

一〇代の頃、私も友人たちも詩が大嫌いだった。詩は軟弱で、弱虫が読むもので、生活や、良い成績や、力強さとは無関係なものだと思っていたのだ。

詩嫌いに追い討ちを駆けたのは、当時の国語教師だった。顔色が悪く、不健康そうで、小柄な、どことなくだらしないそのオールドミスは、生徒のことを「子どもたち」と呼んだ（子どもたち？！　一五歳の私たちはもう何でも知っていたというのに！）

彼女はよく詩を朗読したが、それが実に退屈で、うんざりするような一本調子。それを聞いていると「どうせ僕らは信仰心もないし、鈍感だし、詩の良さも分からないし、がさつさ」と思わざるを得ない。国語の授業は完全に崩壊しており、私たちは何一つ学んでいなかった。

ある日のこと、その教師が一冊の本を抱えて教室に入ってきた。彼女が「今から私の大好きな詩を読みます」と告げると、クラス全員がうんざりしたように不満の声を上げた。

しかし彼女はこう続けた。「鳥に関する詩を読もうと思います」

クラス全員が辟易《へきえき》とし、さらに大きな声でぶうぶう文句を言った。

「アルフレッド・ロード・テニスンの詩です」（不満の声はさらに上昇！）

ところが、彼女が詩を読み始めた瞬間、私の人生は一変する。その詩は、私や友人たちの頭にあった詩の概念をことごとく否定した。そこには、あなたが本書で学んできたすべての創造的テクニックが見事に活用されていたのだ。鳥の中の鳥、鷲《わし》について書かれた詩だった。

鷲

鷲は曲がった指で巌頭《がんとう》を掴《つか》み、
寥々《りょうりょう》たる地にて太陽に近く、
碧天《へきてん》を背景にして佇立《ちょりつ》す。

さざなみ立つ海面は眼下に展《ひろ》がり、
山の絶壁から俯瞰《ふかん》するも、
忽《たちま》ち雷のごとく急降下す。

［訳文『対訳　テニスン詩集』（西前美巳編、岩波書店）より引用］

私は茫然《ぼうぜん》と座っていた。その一分間で、私は詩の大嫌いな生徒から一変。頭の中で外に出ようともがいているイメージや考えや感情を、このようなパワーと気品を持った言葉で伝えるようになりたいと思い始めたのである。

当時、一五歳だった私は「真似」が創造力に必要不可欠な要素だと意識はしていなかったが、自分の新しいヒーローとなったテニスンのスタイルを真似て、最初の詩を書こうと決意した。

数日後、そのチャンスが訪れる。桟橋《さんばし》を歩いていた私は、たくさんの釣り人を目にした。ある釣り人の脇を通りかかったとき、その男性はリールを巻いている最中で、糸の先には銀色と虹色に輝く美しい魚がかかっていた。彼は魚をぎゅっとつかみ、桟橋の床に押さえつけ、釣り糸についている鉛の重りでその頭を叩き始めた。魚は激しくもがいていたが、やがてほとんど動かなくなってしまった。

私はすぐそばで突っ立ったまま、この生と死の場面を一心に眺めていた。そのせいか、死んでいく魚が私の目をじっと見ているような気がした。助けてやれなかったという罪の意識を覚え、そのとき、最初の詩の種が蒔《ま》かれたのだ。

この体験でさらなる変化を遂げた一〇代の私は家に帰り、第一作目の詩を書いた。『捕らわれし者』と題したその詩から、私は創作の道に入った。

捕らわれし者

そのどんよりした眼差《まなざ》しが私を突き抜けて何かを見ている
その目の表面に血が固まり、乾いていく
それは最期の一息を吐き出し死んでいく

かつてあまりにも神々しい姿を見せていたその魚が
叩きつけられ、背骨を折られ、横たわって死んでいる
私は立ち去り、釣り人は糸を片付ける

創造力と詩作

詩作とは、単に「なめらかさ」「柔軟性」「独創性」「連想」の原則を言葉の結びつきに応用すればよい作業である。このテクニックをマインド・マップと併せて用いたのはテッド・ヒューズだった。

ヒューズは創造的・比喩的思考を伸ばす素晴らしい方法を開発し、その中ではいくつかの記

憶術とマインド・マップが利用されていた。最初に、彼は生徒たちに簡単な記憶の仕組みを教え、連想と創造力を使えば記憶力は完璧なレベルにまで伸ばすことができると証明してみせた。ヒューズは常々、想像が突飛であれば、それだけ生徒の記憶力は向上すると強調していた。

これまで生徒の想像過程に見られた行き詰まりが解消し、彼らの勝手気ままな想像が勢いづいてくると、「無関係な言葉同士を結びつける」という、あなたがやったものとそっくりなエクササイズを彼らにやらせた（七六〜七七ページ参照）。

まったくつながりのなさそうな複数の対象（「母親」と「石」など）を条件として与え、生徒にマインド・マップを作らせた。第2章の「楽しい（FUN）」ゲームとやり方はまったく同じである。

生徒が各対象（概念）に関する言葉を一〇個思いついたら、ヒューズは「そこから言葉を一つを選び、その言葉と、もう一方の対象（概念）から派生した一〇個の言葉との関連を見つけよう」と指示する。それが済むと、生徒は次の言葉へ移り、その言葉と、もう一方の対象から派生した一〇語との関連を見つける。最初の概念から派生した一〇語と、もう一方の概念から派生した一〇語との関連づけがすべて完了するまでその作業を繰り返すのだ。全員が驚いたことには、彼らが見出した関連の多くは大変独特で、創意に富み、非常に刺激的で、実に感動的な結びつきもしばしば見られたのである。

生徒たちの次なる課題は、自分が出したすべてのアイディアから、いちばん良いものを選び、そこから創造的かつ独創的な表現や、（できれば）詩を組みたてることだった。

「母と石」「反対語」のエクササイズはヒューズのお気に入りだ。次のページで、私がこのエクササイズで作った二つのマインド・マップと、そこから生まれた短い詩を一例としてご紹介する。

彼のもう一つのお気に入りは、一方の中心に人間、もう一方の中心に動物を設定し、比較するエクササイズである。やり方はこれまでと同じ。一方の言葉から一〇個のアイディアを派生させ、もう一方の言葉からも一〇個のアイディアを出し、最も心引かれる結びつきを見つけるのだ。

自分で楽しむエクササイズとして、辞書から任意の「反対語」を選び出し、言葉と言葉の関連を最低二つ見つけてみよう。あるいは、それぞれの言葉に関するマインド・マップを作って独創的な詩を作ってみてもよいだろう。

偉大な創造的天才たちのテクニックと、詩心の探求を助けるマインド・マップと、テッド・ヒューズの方式を頼りに、創造力トレーニングに取りかかろう。

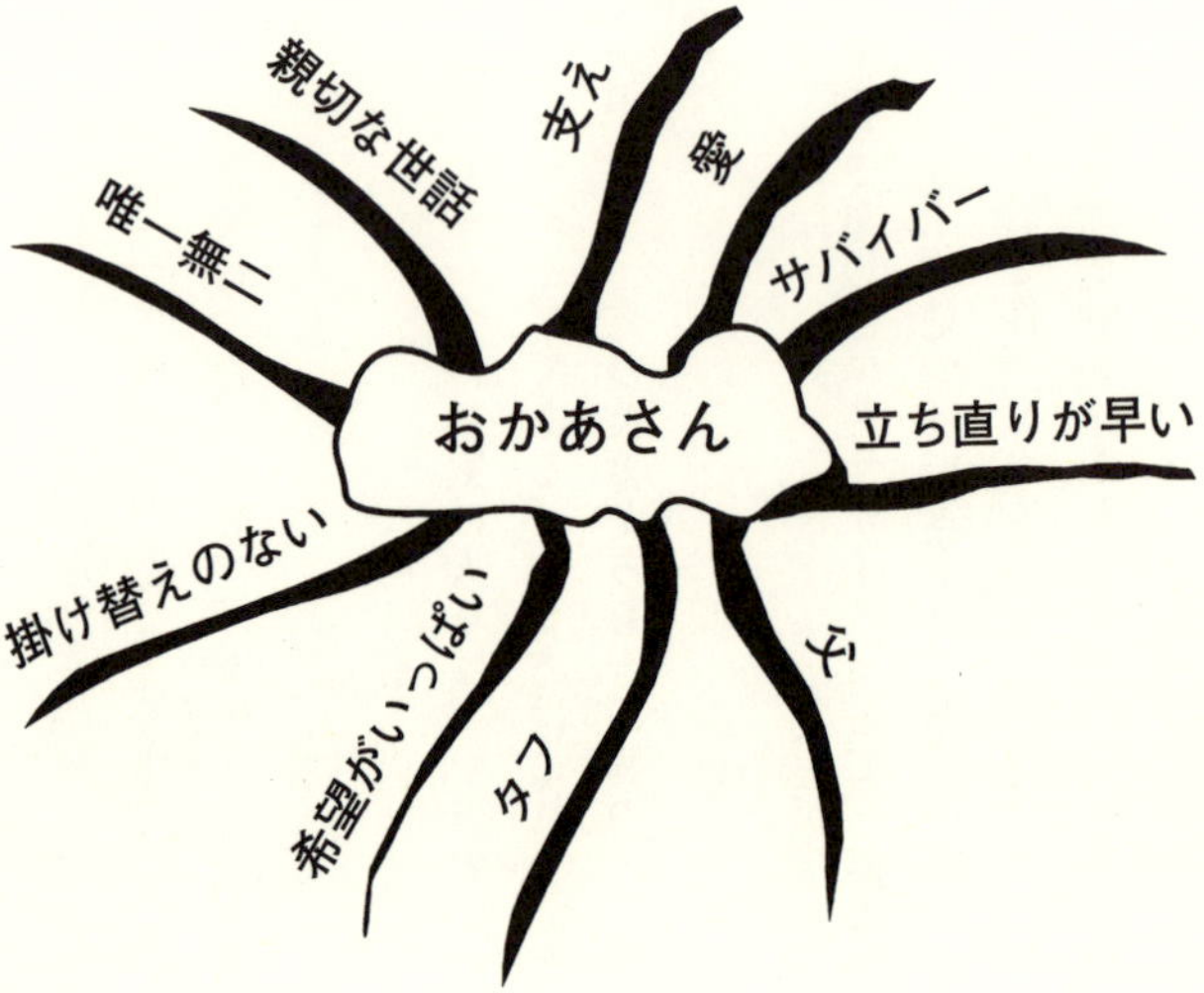
おかあさん
唯一無二
親切な世話
支え
愛
サバイバー
立ち直りが早い
掛け替えのない
希望がいっぱい
タフ
父

石
指輪
宝石
岩
硬い
ダイヤモンド
小石
価値
投げる
高価
浜辺

ありがとう

彼女の首をぐるりと囲む貴石たち
彼女は至宝
王冠をかぶった女王は
私の心のダイヤモンド

◆◆◆創造力トレーニング◆◆◆

1. 詩的連想ゲームをする

一一四～一一五ページで紹介した詩を生み出すアイディアを取り入れ、お気に入りの組み合わせを選んで短詩を書いてみよう。

2. 詩的・創造的思考テクニック

一一一ページで紹介したテニスンの『鷲』に戻り、詩全体にどんな創造的思考テクニックが使われているか検討しよう。そしてあなたの心を引くアプローチを見つけ、それを自分の詩作に活用すること。

3. 日々の生活で詩的瞬間を探す

秋の落ち葉が風に吹かれて草地を渡っていく様子、人の顔に一瞬よぎる表情、雲が描き出す様々な形や景観、その雲を突き抜けて差し込む日の光、様々な行動を取る動物等に目を配ること。そして、こういった事象を眺めて熟考する時間を今よりも増やし、それを詩的な表現で書き記してみよう。

4．詩的な儀式を考える

テッド・ヒューズを含む偉大な創作家の多くは、執筆をする際、必ずそばにロウソクを灯していた。ロウソクの炎は「創造的黙想」をするための素晴らしい工夫であり、この炎に促されて、脳は美しいものや変わりゆく物に注目したり、空想したりするのだ。あなたの空想からも、素晴らしい詩的洞察がたくさん生まれることだろう。

5．詩に関する活動に参加する

書店や図書館で様々な詩集に目を通し、特に自分の創造的イマジネーションに訴える作品を選んでみよう。詩の朗読サークルや鑑賞サークルに参加するのもよい方法だ。あるいは、自分でグループを作ってしまおう！　インターネットで検索すれば、詩を扱うサイトが次から次へと登場する。そこで詩を学ぶこともできるし、自作の詩を投稿することもできる。

詩作や想像に満ちた創造的思考を自分の生活の一部にしよう！

6．詩作用のノートを持ち歩く

視覚に訴える美しいノートを買い、詩的・創造的アイディアをそこに書き留めていこう。ノートの存在そのものが刺激となって、あなたは自分の中の巨大な詩の源泉を掘り下げることになるだろう。その源泉はあなたにくみ上げてもらう日をずっと待ちわびていたのだ。

7. 短詩を作る

手始めに、俳句のような短い詩を書いてみよう。俳句は、伝統的には五、七、五の一七音で成り立っている。俳句の目的は、ごく普通の対象を取り上げ、それをありのままに、しかも新たな視点で深く考察することだ。

たとえば「夏」をテーマにする場合、こんな題材が考えられる。

夏、水星、太陽の暑さ
夏、火星、ドライアイス
夏、地球、楽園

自分の好きな題材やテーマを選び、この素晴らしい詩型で遊んでみよう。詩を楽しみ、自分の詩心と仲良く付き合ってほしい。詩は必ずしも「お堅い」ものではないと自覚することが大切だ。楽しさ、笑い、愛、遊び心に満ちた詩でもまったく構わないのである。

家族や友人の誕生日、記念日、お祝いの機会を利用して、市販のカードによく見られるような、ちょっとした詩や韻文のメッセージを書いて贈ってみよう。ヒントとして標準的なカードにいくつか目を通し、それらに手を加えてみるとよい。

8. 五感の使い方を開発する

レオナルド・ダ・ヴィンチは、美しい詩や詩的散文を書く人でもあった。「関連づけの原則」に加え、彼にはもう一つの原則があったのだ。それは「感覚の原則」。彼は「**創造的に考えたり、書いたりするときは、感覚を研ぎ澄まし、五感のすべてを使って創造的表現を創り出すべきだ**」と述べている。

作家や詩人の卵たちは、一つの感覚（視覚など）しか使わないという過ちを犯す。あなたが創造的傑作を書く場合には、**すべての感覚を動員**しよう。

「自分は生まれながらの詩人だ」という事実を絶えず、強く、自分に言い聞かせること。あなたの脳はこれまでずっとあなたのために、詩や、詩心あふれる美しい考えを書いたり、思い浮かべたりしてきたのだ。

今こそ脳を解放するチャンス！

脳に詩を書かせてあげよう！

第7章

あなたは天才画家だ

全世界の九五パーセント以上の人が、自分には絵の才能がないと思っている

「すべて」の人は生まれながらの画家である。

ではなぜ、世界中で九五パーセント以上の人が「自分はたいして創造的ではないし、芸術的でもない」、「画家には選ばれた一握りの人間だけに与えられる特別な才能が備わっている」と考えているのか？

世界中で見られるこの現象について調査してみたところ、いくつかの驚くべき結果が得られた。第一に、国籍、人種、年齢、性別を問わず結果が同じであり、第二に、最も重要な質問に対する答えがどれも理路整然としていながら、どれも「間違っていた」のだ！

「自分には絵の才能がない」と思っている人たちに対し、「なぜ、自分にこの特別な脳力がないと分かるのか？」と、非常に突っ込んだ質問をしてみた。

返ってくる答えはいつも同じだ。

「やってみたが上手くいかなかった。そのため、自分の知的技能リストに芸術的才能は含まれていないことが証明された」

しかし、実のところ、彼らが証明したのは「最初の試みでは満足のいく結果が出なかった。だから、もう一度やってみる必要がある。さらに、二度目の挑戦を成功させる方法も教わる必要がある」ということなのである。

調査対象となったほぼすべての人が似たような体験をして、絵を描けなくなっていった。次の話は、あなたも身に覚えがあるかもしれない。

天才画家が姿を消した日

自分が幼稚園児だった頃を思い出してみよう。

ある気持ちのいい秋の日のこと、先生がとても張り切った様子でこう言った。

「今日は初めてのお絵描きをしましょう」

あなたはとてもわくわくする。頭の中に満ちあふれる素晴らしいイメージを紙の上に表現したくて、待ち切れない気分なのだ。

画用紙はたっぷりあるし、色鉛筆やクレヨンの豪華なセットもそろっている。これを使えば最初の大傑作が描けるだろう!

先生は再び張り切った声でこう言う。

「はい、みんな用意はいいかな? では、飛行機を描いてみましょう」

あなたの心の目には飛行機がはっきりと見えている。でも、頭の中のイメージを紙の上に取り出すのはどうも難しそうだ。画用紙と色鉛筆を手にした同じ年の友達に囲まれた状態で、幼いあなたは自然の成り行きとしてどんな行動に出るか? おそらく、周りを見渡して友達がどうしているか確かめるはずだ。

きょろきょろしているあなたを見つけた先生は何と言うだろう?

「ほかの人の絵を見ちゃダメよ!」

私や仲間の研究者が調べたところ、ほぼ全員が同じような体験をしていた。

この段階であなたの身に起こったことが実は何だったのか、少し考えてみてほしい。これはまるで、あなたがしゃべり始める日を心待ちにしていた両親が、ついに「ママ」と第一声を発したあなたにこう告げるようなものなのだ。

「あなたがズルをすることは分かっていた。私たちの真似をするのはやめて、自分の言葉を作りなさい！」

もちろん、こんなばかなことを言う親はいないだろう。なぜか？　私たちは皆、脳がまず真似をして学習することを直観的によく理解しているからだ。**あらゆる学習において、真似は必要不可欠な最初の手段である。真似をすることで私たちの脳は基本知識を習得し、そこから自分だけの創造力を増やしていく。**

芸術に関しても、言語と同じことがいえるのだ。

ではここで、あなたから最も重要な学習テクニックを取り上げた、初めてのお絵描き教室に戻ってみよう。

挫折《ざせつ》を味わいながら、あなたは鬱々《うつうつ》とした気分で何とか頑張っているが、効果は上がらない。そしてついに制限時間がやってくる。絵が完成したところで、ようやく周りを見ることを許されるわけだが、そこであなたが目にするものは？

上手に描けている飛行機の数々！

皮肉なことに、ほとんどの子どもたちが自分より上手に描けた飛行機を見ている。なぜなら、彼らは自分の絵のいちばん悪い部分と、他人の絵のいちばん良い部分に注目しているからだ。

この段階でクラスメートが寄ってきて、あなたの絵が夢に描いたような傑作ではないことを思い知らせてくれるかもしれない。それに、悪友がこんなことを言う可能性もある。「たいしたことないじゃん！　この飛行機、翼が一つもついてない！」

あなたの中で、精神的苦痛と屈辱《くつじょく》感が勢いを増し、芽を出しかけていた創造力の若枝は早々と枯れ始める。

その後はもっとひどい事態が待っている。というのも、次の二週間、あなたは教室の壁に自分の小さな飛行機が貼り出されていないことで自己嫌悪に陥るか、（もっとぞっとすることだが）忌々《いまいま》しい絵を貼り出されて、それを二週間見るはめになるからだ。絵がそこにあるおかげで、あなたは毎日、自分の無能ぶりや失敗、素晴らしい夢を実現できなかったことを思い出すのである。

「さあ、みんな、今日もまたお絵描きをしましょう！」

先生のこの言葉に対して、あなたの脳は何と言うか？

「もぅーーーーー、いーーーやーーーだぁーーーーーー！」

あなたの脳は「絵が上手く描けたヤッに紙やクリップを弾《はじ》き飛ばしてやろう」とか、「友達に手紙を回そう」とか、「芸術的で創造的な、素晴らしい外の世界を窓から眺めていよう」とか、「空想していよう」と思うだろう。そして、「絵なんか描きたくない」と思うのだ。

なぜか？

すでに「絵は描けない」と自分で証明してしまったからだ。

それからというもの、生まれながらの素晴らしい画家であるあなたは、だんだん姿を隠すようになり、美しい夢を壊すのは二度とごめんだと思うようになる。

しかし、その画家は身を隠しているかもしれないが、夢はまだ生きている。あのとき、羽ばたけたかもしれない夢を、今、羽ばたかせよう！

今日、天才画家が復活する！

幼いあなたに必要だったのは、誰かに「面白い飛行機だね！　次はこれに翼をつけてみない？」と、言ってもらうことだった。あなたは「うん」と答えたはずだ。

理想的な先生ならば、その後、こう言っただろう。

「こっちに線を二本描いて、そっちにも二本描けばできあがり。もっとかっこいい飛行機を描いてみたかったら、チャーリーのところへ行ってごらんなさい。あの子は練習して、とても素晴らしい飛行機が描けるようになったのよ。だから、どうやって飛行機の絵を描くのか見せてもらうといいわ」

先生がこのような教え方をし、それをずっと続けてくれたら、絵を描くための基礎の基礎が身についたであろうし、今頃あなたは立派な創造的画家になっていただろう。

本章の続きを読めば、きっと夢を再燃させ、あなた自身も、家族も、友人もびっくりするような課題を成し遂げることができるだろう。

〈創造的美術ゲームその一（不可能なことを成し遂げる）〉

この創造的エクササイズでは、画家としてのキャリアを再スタートしていただく！　公平かつ新たなスタートとなるよう、普段、物を書かないほうの手を使うこと！

なぜか？

その手で一度も絵を描いたことがなければ、文字どおり、まったく新しいスタートとなるからだ。

エクササイズのやり方は次のとおり。

一三二ページに四角い枠がたくさん並んでいるが、それぞれの枠にはアルファベットと数字の記号がついており、内部には様々な長さの線が、様々な角度で、ほんの少しずつ描かれている。

次のページには、AからG、1から7の記号を振った表がある。

ここでの課題は、前ページの各枠内の線を表の該当枠に利き手と逆の手を使って注意深く描き写すことだ。それが済んだら、なるべく完璧なコピーとなるように、一つ一つの枠をざっとチェックしてほしい。

ここまできちんと終わらせたら、本を逆さにし、自分が創り上げた作品を見てみよう！　そして、表の下のスペースに自分の反応を記録しておくこと。

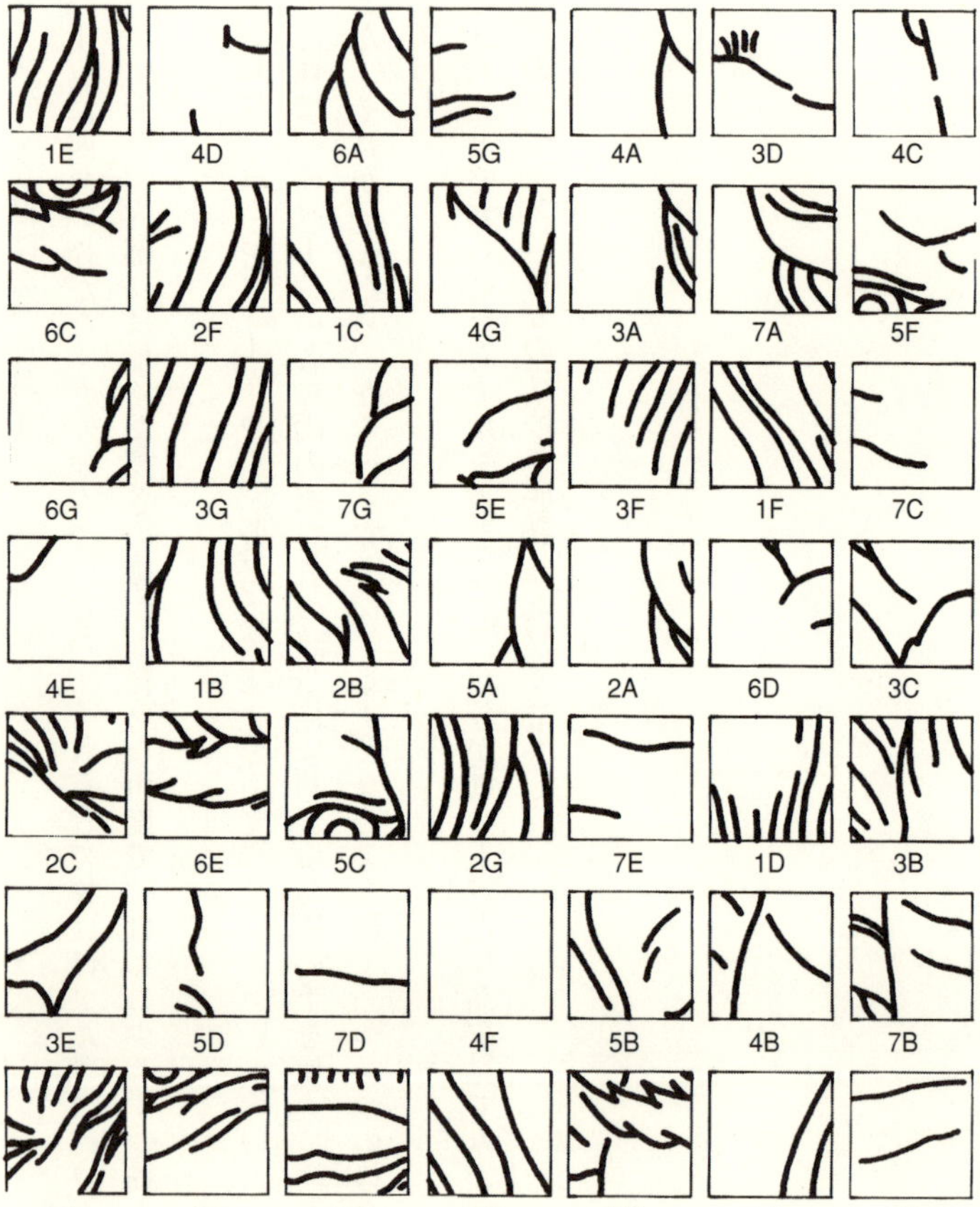
1E
4D
6A
5G
4A
3D
4C
6C
2F
1C
4G
3A
7A
5F
6G
3G
7G
5E
3F
1F
7C
4E
1B
2B
5A
2A
6D
3C
2C
6E
5C
2G
7E
1D
3B
3E
5D
7D
4F
5B
4B
7B
2E
6F
2D
1G
6B
1A
7F

	A	B	C	D	E	F	G
1							
2							
3							
4							
5							
6							
7							

あなたは創造的天才ではないだろうか？　なにしろ絵など描いたこともない不慣れな「弱い」手で、レオナルド・ダ・ヴィンチにそこそこ似ている似顔絵を描いてしまったのだから！

どうしてこれが描けたのか？

答えは実に単純。あなたの脳は今までまったく知らなかった方法を用いたのだ。それはすべての（あなたと同じような）芸術家、すべての（あなたの同じような！）創造的思想家が当たり前に使っている方法である。つまり、ただ目と脳を連携させ、物の寸法をデザインどおりに測ればよいのだ。

「こんなこと、できるわけがない」、「絵は苦手なんだ」、「芸術に必要なのは感情だけ」といった考えに邪魔されず、客観的にこれを実行できれば、あなたの脳は純粋に見ることによって、皆と同じように自然に絵を描いてしまう。

考えてもみてほしい。今、描き終えたばかりの絵は、その手が初めて描いた絵だ。今後数日間、数週間、数年間かけてスキルを伸ばしていったら、あなたの絵のレベルはいったいどこまで上がるだろう？　そのスキルは一流のレベルを目指し、今、スターティング・ブロックから飛び出したところなのだ！

ミケランジェロやダ・ヴィンチは科学者のように絵を描いた

実はミケランジェロもダ・ヴィンチも、先ほどのあなたとまったく同じやり方をしていた！まず観察し、次に数を数え、寸法を計ってから絵を描いていたのである。イラストに注目していただきたい。

一つ目はミケランジェロが描いた運動選手の見事なスケッチだ。よく見ると、右側と左側の下のほうに細かく線が刻んであり、印や数字がついている。ミケランジェロは科学者のように人間を観察し、人体各部の割合を見積もり、目安となる線と数字をつけてから、その隙間を埋めるように描いていったのだ。

二つ目はダ・ヴィンチのスケッチである。馬の絵を完成に近づけるべく彼が用いた手法は、もっと分かりやすい形で表れている。馬の脚を構成部位ごとに分け、胴体を絵の基本構成単位に分け、それから、最終的なラインを描き込んでいったのだ。ミケランジェロと同様、ダ・ヴィンチも科学者のように自然を観察し、目に備わる生来の観察力を使って傑作と呼ばれる作品を創り出した。

ミケランジェロもダ・ヴィンチも、自分の観察力を意欲的に伸ばし、「型に沿って」絵を描いていたのだ！

偉大な画家は皆、いきなり描き出したり、無意識のうちに描き出したりはしなかった。まず、自分が描こうとする対象がどのような

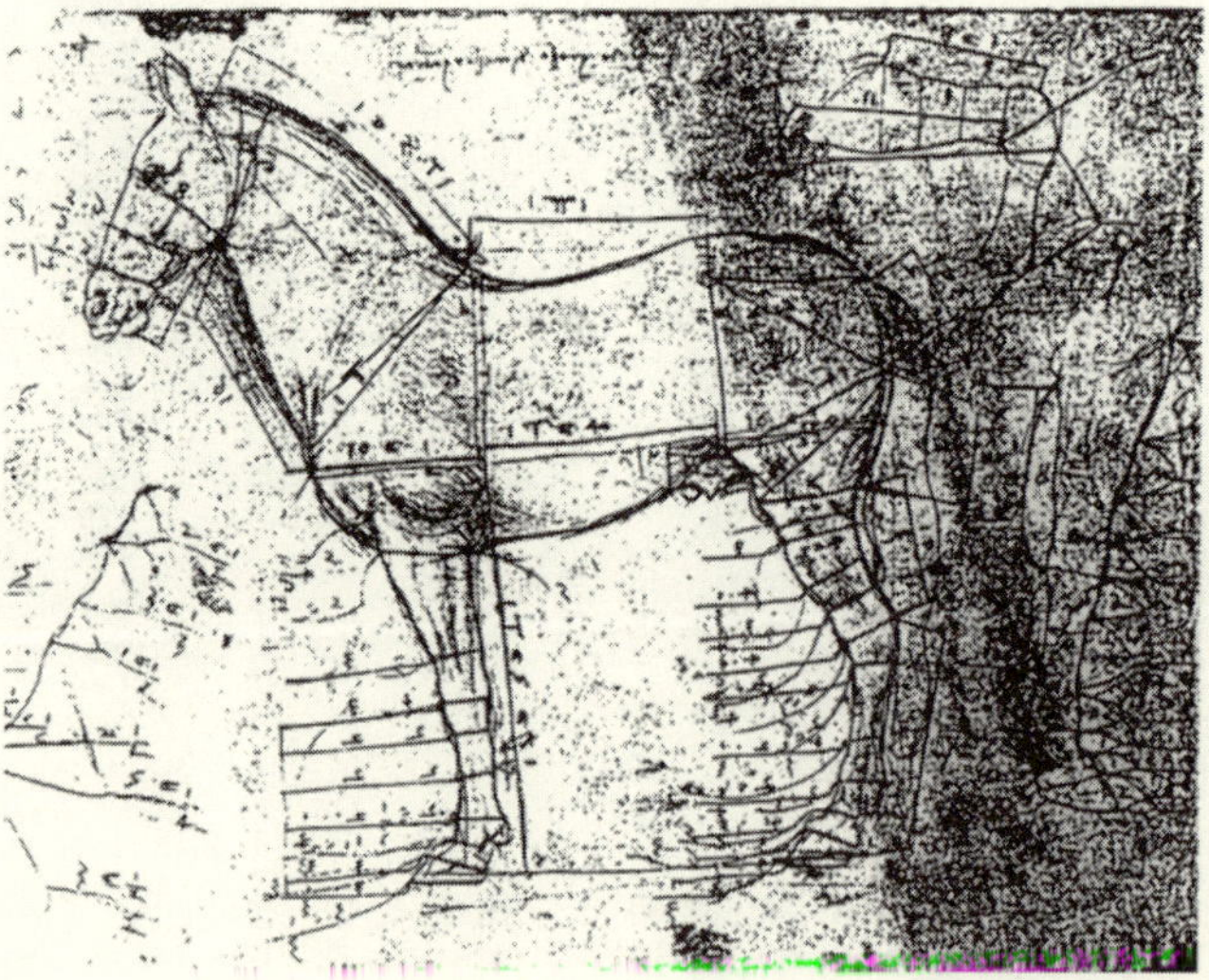

ものかをよく観察し、分析し、寸法を見積もってから、心の目に映った印象を紙の上に模写していった。実際、ダ・ヴィンチは「天上の」「空想的」芸術家と呼ばれるより、**自然界の模倣者**と呼ばれるほうを好んだ。

本章の創造力トレーニングでは、新たに発見したスキルを伸ばすチャンスが待っている。しかし、その前に、もう一つの驚くべき発見をお教えしよう。

あなたはかくも素晴らしき画家なのだから、絵が描けないはずはないのだ！

〈創造的美術ゲームその二〉

今回のゲームでは、絵の基本的構成要素をいくつか用意した。これは積み木によく似ている。絵の基本的構成要素とは、楕円形、三角形、長方形、四角形といった単純な図形だ。ゲームは所定の図形からスタートする。次ページの上段に、円、直線、曲線を含む基本的構成要素を示したが、この中から特定の形を選び、あなたの脳が「何かの形に見えてきた」と判断するまで、ほかの図形を自由に足していこう。

要するに、絵の基本構成要素を用いて、脳の望みどおりの形を完成させるのだ。このエクササイズをしている間、あなたの脳は例の驚くべき脳力を発揮している。それは、雲や、雪に覆われた景色や、木や岩の模様や、炎の揺らめきを目にしたとき、その中に動物、モンスター、

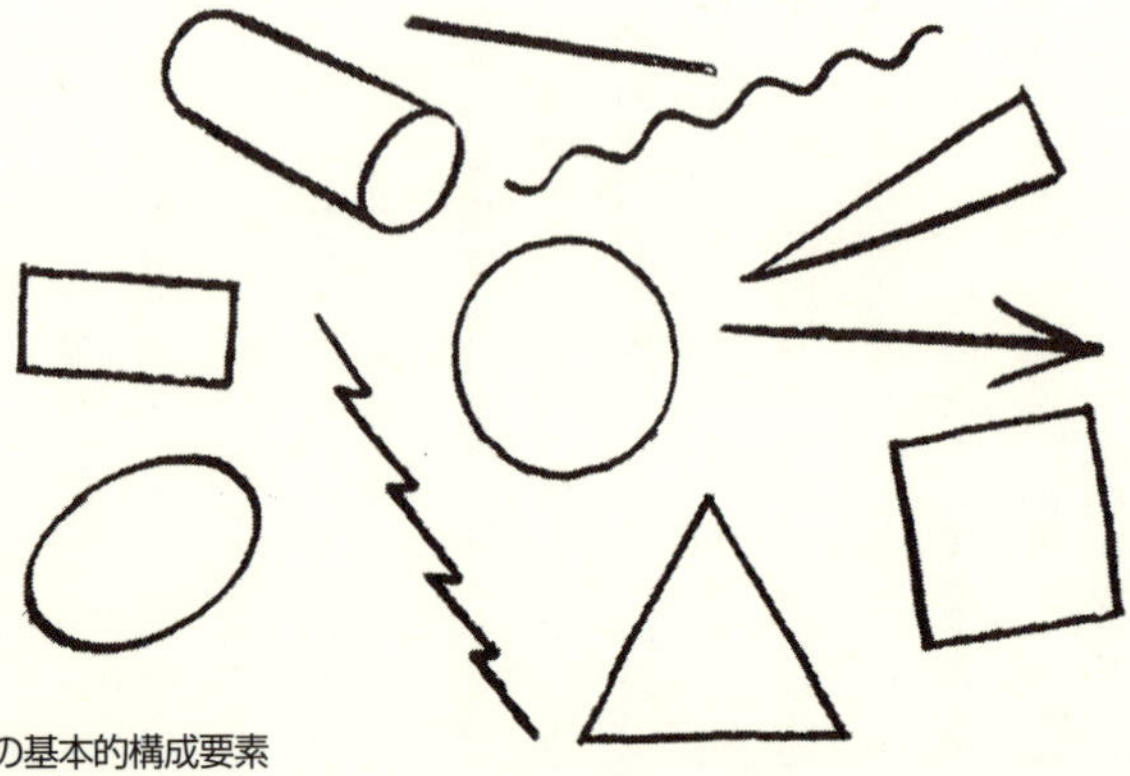

絵の基本的構成要素

顔、風景など、あらゆる形を見出すあの脳力だ。

次ページの下段には、六つの基本図形が示されており、そのうちの四つにはすでにいたずら書きが少々加えてある。

いたずら書きを加える図形はどれでも構わない。一四五ページにいくつかの例を示したので参考にしていただきたい。ページの向きを上下左右に変えてみると、描きたい物の形がはっきりと見えてくる場合がある。見る角度や視点が変わったことで、突如、最終的なイメージがかっちりと頭の中に収まるのだ。

さあ、これであなたが創造的であることが分かった。生まれながらの画家であることも、一度も使ったことがない手で絵が描けることも分かった。さらに、古今の大画家の手法も分かったし、自分の莫大な芸術的創造力を伸ばす基本ツールも手に入れた。では、創造力トレーニングをやってみよう。

◆◆◆創造力トレーニング◆◆◆

1．いたずら書き

先ほど紹介した絵の基本的構成要素を白い紙に描き、それぞれの図形が何らかの絵に見えてくるまで、いたずら書きを加えていく。

慣れてきたら、スピードにも注意してほしい。所有時間を測り、週に一度、もしくは月に一度の割合で同様の作業をやってみる。そして、「形」ができあがるまでの時間が必ず短くなるように努力すること。創造力を最高の状態に持っていくには、このエクササイズが極めて有効だ。

基本図形にいたずら書きを加えたもの

2. ペンと親指で寸法を測る

画家がする、片腕をまっすぐに伸ばして鉛筆や絵筆を持ち、その腕をあちこちに動かす仕草。あの仕草の意味、また、どうすればあなたの創造的発展に役立てることができるのかを、今から明らかにしていく。

数名のグループでいるとき、あるいは、様々な距離に位置する人が見えるとき、腕を伸ばして鉛筆やペンを持ち、そこから見えるいろいろな人たちの頭の「サイズ」を測ってみよう。実際に測る前に、対象となる頭が鉛筆やペンのどれくらいの長さを占めることになるか、あらかじめ見積もっておくこと。

サイズの測り方は次のとおり。対象となる人物の頭頂部に鉛筆の先端を合わせ、親指を鉛筆に沿って対象人物のあごの位置まで持ってこよう。この採寸は必ず近くにいる人と、遠くにいる人の両方で試してみること。

このエクササイズを体験すれば、あなたも科学的・芸術的・創造的視覚ツールの存在を知ること

画家の寸法測定方法

になる。これは、アジア、インド、中東、ギリシアのどの天才たちも知らなかった手法だ。今からわずか六〇〇年前、イタリア・ルネサンスで花開いた創造的天才たちが発見したのである。

3. いろんな表情を描こう！

顔の表情を描く際に役立つ漫画をいくつか並べてみたので、ご覧いただきたい。単純にこれらを模写し、自分が描いたものと見本とをよく比較してみよう。思いどおりに描けなかった場合も、その絵を消してはいけない。後から描いた絵と比較できるように、ちゃんと取っておくこと。そして数週間後、絵に関する知識が増えてきたところでもう一度、模写にトライしてみよう。

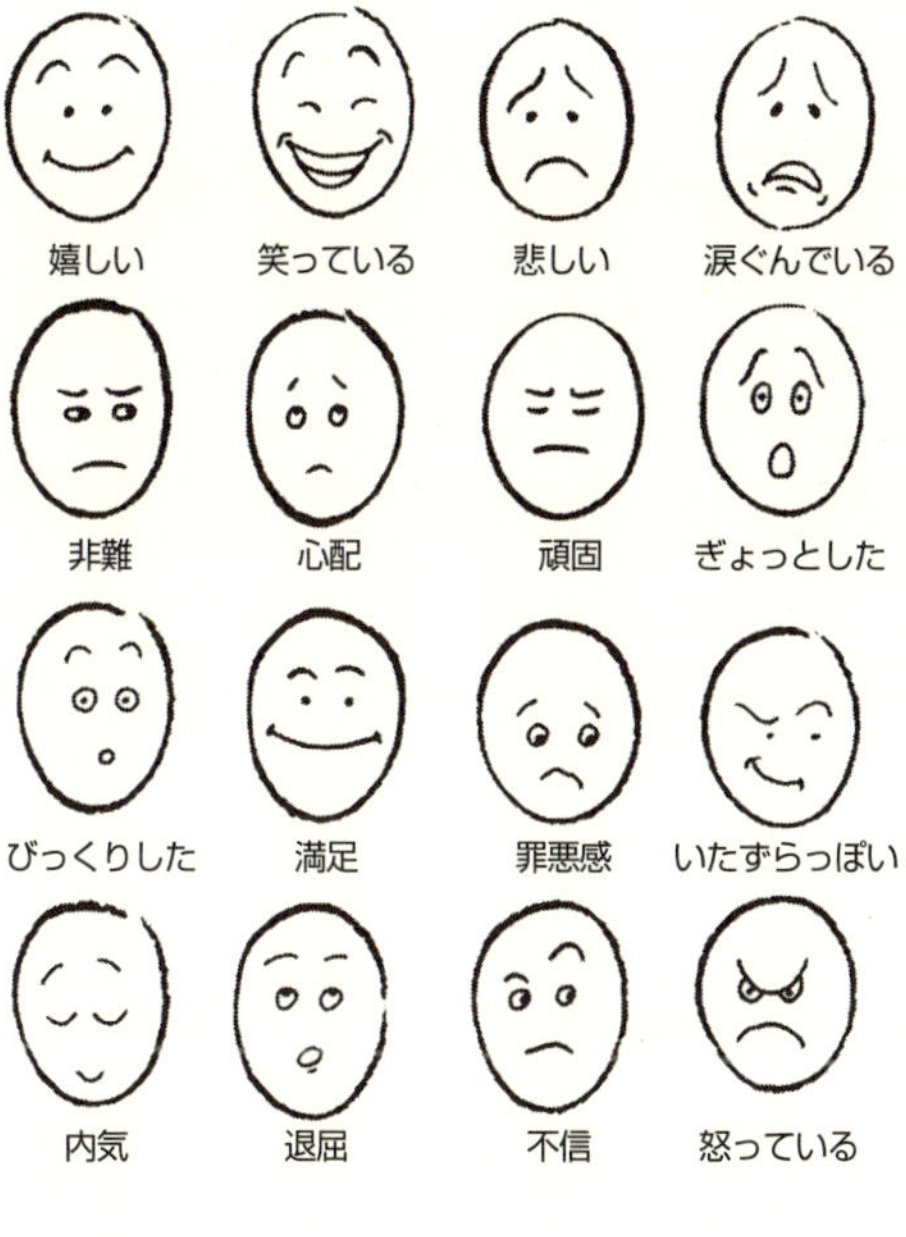

4. 普段使わない手で絵を描いてみる

利き手と「逆の」手で絵を描く練習をしよう。両方の手を使うこと（両手利き）は、創造力全般を伸ばすのに非常に有効だ。また、絵の基本的構成要素を用いた練習も欠かさずに行うこと。この基礎単位を使って週に五分から一〇分程度いたずら書きをしていれば、創造的芸術家としてのコンディションを良好に保てるだろう。

5. 絵画教室に参加する

せっかく画家として再スタートを切ったのだから、絵画の入門書に目を通したり、絵画教室に通ったり、休日に絵を描いたりすることを検討してみよう。どちらもあなたをリラックスさせ、ヒントを与えてくれるはずだ。

6. 画廊に行く

「芸術の中の科学」に関する新たな知識が身についたら、画廊や美術館に出かけ、新鮮な目で芸術作品を見てみよう。これらの絵を生み出した人々も、あなたと同じように絵を描く力を持っていたが、彼らの場合、あなたが今習ったばかりのテクニックを教えてくれる師匠に恵まれていた。彼らは自分の師匠や、そのまた師匠である偉大な先人たちを真似ていたのだ。あなたも彼らの真似をしよう！

7．物の見方を習得する

ミケランジェロにしろ、ダ・ヴィンチにしろ、散歩に出ると必ず、自然や古い建物の中に、面白い表情や美しい表情はないかと目を光らせていた。これはと思う物を見つけると、観察し、いったん目を閉じてそれを頭の中で描写し、再び目を開けて観察した。二回目の観察では、自分が頭に描いた物と、実物とを照合する。そして、記憶と実物とがほぼ同じになり、目を開けているのか閉じているのか分からなくなるまでこの練習を続けた。彼らは自分が注目した物をここまで観察（記憶）してからアトリエに戻り、絵を描いた（記録した）のだ。

非常に興味深いこのゲームにあなたも挑戦してみよう。繰り返しやっていくうちに、絵を描く脳力が向上し、観察力と記憶力も向上するだろう。

8．画材店を探検しよう！

地元で通えそうな絵画教室を見つけ、面白そうな本や雑誌に目を通そう。そして、スケッチブックやノートを買い、これに自分の創造的アイディアをなるべく多くのイメージを使って描き留めておこう。これを実践すれば、あなたもエジソンやダ・ヴィンチとまったく同じ道を歩めるのだ！

9.「見る」という行為に注目

自分が生まれながらの創造的天才であるという点に少しでも疑問を感じたら、次のことをやってみてはどうか。自分がこれまで目にしてきたあらゆる美しいもの、素晴らしいもの、複雑なもの、非凡なものをざっと思い出してみるのだ。こうして本書を読みながら何かしら「面白い」と感じているなら、顔を上げて周りを見渡してみよう。

私たちは「目を使って見ているから」、「現に見たものが〈そこ〉に存在するから」、「物を見たとき、単純にそれが〈そこ〉にあるから」という理由で、自分はそれを「見ている」と思い込んでしまう。

しかし、物が「そこ」にあるだけなら、それはどうやって私たちの脳に入ってくるのだろう？

私たちの目には、驚くべきことに二億六〇〇〇万個の光受容体があり、毎秒何百億、何千億という光子を受け取っている。このすべての光子がイメージを運んでくるのだ。あなたの目は、これらのイメージを視神経を通じて脳の後頭葉に送り込む。その後、頭の中で外の世界が完全に再現されるのだ。

つまり、目が覚めている間、あなたの創造的脳に存在する大画家は、ほぼ毎秒、あなたを感嘆させるべく、「現実」という絵を完璧に描いてきたのだ。あなたがこれまで見てきた美しい顔、雪に覆われた山並み、夕焼けと月の出、花、動物、鳥はすべて、自分の脳の中で完璧に再現されたものなのだ。

天才たる友よ、あなたはすでに無数の傑作を生み出し、描いてきたのだ！　あなたの手は心からこの楽しい活動に参加したがっていて、あなたのためにもっと傑作を描きたいと思っている！　やらせてやろうではないか！

完成した落書き

第8章

あなたは天才音楽家だ

全世界の九五パーセント以上の人が、自分には音楽の才能がないと思っている

世界中で調査を行ったところ、九五パーセント以上の人が「自分に音楽的才能がまったくないことは分かっている」、「音楽家には一握りの人間だけに与えられる不思議な才能が備わっている」と思っていた。

それはなぜか？

絵の場合と同様、皆、音楽を作ろうと試みたものの、「失敗した」と感じたのだ。しかし、彼らは本当に失敗したのだろうか？　それとも、自然に音楽を創るための秘訣を知らなかっただけなのだろうか？

この点をもっとよく把握するため、鳥に注目しよう！

二〇世紀初頭、非凡なる若き日本人音楽家、**鈴木慎一**は、「鳥はどのようにして歌い方を学ぶのか」との問題に関心を抱き始めていた。

日本では、何百万という人々が鳴き鳥を飼っており、それだけでも鳥の需要は大変大きかっ

た。鈴木は、鳥の鳴き声の発達を研究するには、飼育場を訪ねるのが最も得策だろうと考えた。なにしろそこでは無数のヒナがかえるのだ。

意外にも、かえったばかりのヒナは「生まれつき」歌えるわけではないことが判明した。ヒナたちは、ブリーダーが「師匠」として特別に置いておいた一羽の成鳥の歌を聴き、何百回も練習した後、ようやく歌えるようになったのだ。

つまり、小さな鳴き鳥たちが歌えるようになったのは、不思議な偶然ではなく、最高のお手本を真似、何度も何度も訓練し、やっと技術をマスターした結果だったのである。

鈴木は、すべての鳥と、すべての動物と、すべての人間の脳に当てはまる事実を発見した。つまり、歌のスキルや、創造的に音楽を作るスキルは後天的なものであり、物真似をしたり、熟達を目指して絶え間なく努力することによって得られるものなのである。

この新たな知識を武器に、〈創造的・音楽的天才の卵である〉あなたが遭遇したであろう典型的な出来事を振り返ってみよう。それはあなたが「創造的音楽性を発展させる旅」に出た頃の話だ。

天才音楽家が姿を消した日

今回も、自分が幼い子どもだった頃を想像していただきたい。

ある素晴らしい春の日のこと、あなたは花咲き乱れる公園で友達と遊んでいる。

辺りはただただ美しく、活気にあふれており、すっかり嬉しくなったあなたは、友達と一緒に走り回り、自分たちが目下《もっか》発見しつつある素晴らしい楽器、「声」の実験を開始する。そして、一人一人がどんなオペラ歌手よりも高く声を出し、「こんなにたくさん音色を創り出す方法があるんだ」、「こんなに長く音を保つことができるんだ」、「こんなに大きな音が出せるんだ」、「こんなにたくさん音を変えられるんだ」と気づく。

この「超オペラ風シンフォニー」には犬たちも夢中になって参加していた。ところが、途中であなたの親や、友達の親がすっ飛んできて、「大きな声を出しちゃダメ」、「叫んじゃいけません」、「キャーキャー言わないの」、「ほかの人たちに迷惑でしょう」と告げる。そしてあなたは、声の実験をしたり、その極限を探ったりするのは悪いことであり、非社会的なことだと学習する。

さらに別の日のこと、あなたは教室で課題に取り組んでいる。没頭するあまり、思わず鼻歌が出てしまうが、すぐさま「いけません」「課題は黙《だま》ってやりなさい」と注意される。ここであなたは、音楽とは、学習や生産性からかけ離れたものなのだと悟る。

数年後、あなたはこれ以上ないくらい抑えた出し方でなければ、声を使うことが怖くなっており、そんな状態で音楽のテストを受けることになる。教室で皆の前に立ち、審判に委《ゆだ》ねられるのだ。首と喉《のど》の筋肉は緊張し、不安で口の中はカラカラだが、「ピアノで弾いた音を出してみなさい」と言われたあなたは、しゃがれ声でそれに近い音を絞り出す。そして「音程がよくない。声は合唱団員の水準に達していない」と記録されてしまう。その結果、学校に偉い人がやってきて、歓迎の歌や賛美歌を全員で歌うときには、決まって「口だけ動かしていなさい」と言われるのだ！

自分の音楽的才能を制限され、打ちひしがれたあなたは、ある日のこと、浴室が安息の地であると気づき、シャワーを浴びながら好きな曲を口ずさむ。すると、階下から最も厳しい一言が……。しかも大声で叫んでいる。「うるさいから、やめて！」

ここであなたは、自分の音楽が愛する人さえ怒らせるという事実を学ぶのだ。

このような、ありとあらゆる「事実に基づく証拠」により、あなたは「自分には音楽的才能がない」「歌えない」「この分野の活動をもう続けるべきではない」と確信してしまったのだろう。そして、創造的嫌われ者――「音痴《おんち》」になってしまったのだ！

しかし、これは本当に事実なのだろうか？　証拠は本当に「確かな証拠」なのか？　それとも、あなたが素晴らしく創造的で、生まれながらの音楽家であることをとっくに証明している圧倒的証拠が別にあるのだろうか？

今日、天才音楽家が復活する！

自分の脳力を否定するあらゆる証拠があろうとも、実はあなたは音楽性抜群の創造的天才である。おまけに、それを証明する事実は山のように存在するのだ！

〈証拠その一　鳴き鳥の師匠〉

鈴木は、鳴き鳥が師匠を真似て歌い方を学習するという事実を発見しただけでなく、「すべての」鳥の脳に真似が可能だという事実も発見した。つまり、師匠を真似、何度も繰り返し練習すれば、熟練の域に達するのは簡単なのだ。それだけではない。学習は自ずと第二段階に進んでいったのだ。すべてのヒナが初級レベルに到達すると（初級レベルで熟練の域とは嬉しいではないか）、今度は一羽一羽が自分なりに主題の変奏曲を創り始めたのである。

　鳥の脳は、あなたの脳と比べると、信じられないほどシンプルだ。鳥の脳にできるのなら、あなたの脳にだってできるはず。師匠を真似て、繰り返し練習しさえすれば、あなたの脳も高い水準に達することができるだろう。


　鈴木は、幼い子どもにヴァイオリンを教えることで自分の理論を実践しようと決心する。彼は子どもたちに記譜法のテキストを与えるのではなく、自分が楽器を弾くときの基本動作を真似させた。そして、ほかの教師たちにもこの方法を指導し、効果を上げたのだ。

　二一世紀を迎えた今日、世界中で何十万人という子どもたちが、発声を含め、ヴァイオリンや他の楽器を鈴木メソッドで学んでいる。上手く演奏できないと判明した子どもはこれまで一人としていなかった。このメソッドは大人にも応用され、同様の結果が出ている。

　あなただけが覚えの悪い生徒になる可能性は極めて低い！　あなたは生まれながらの創造的音楽家なのだ！

〈証拠その二　あなたはしゃべっている。ゆえに、あなたは歌っている！〉
　あなたは話をするだろうか？　もちろんしているはずだ！

どうやって、しゃべり方を習得したのか？　ほかの人を真似したのだ。

では、何を真似たのか？　音、リズム、拍子、アクセント、抑揚、言葉、音量、調子、テンポ、高さ、強勢、ビートである。

これらはすべて、何の構成要素だろう？　音楽だ！

自分の知らない外国語をしゃべっている人たちに耳を傾けると、彼らが歌っていることに気づくだろう。私たち人間はずっと歌ってきたというのに、なぜあれだけ多くの人が「自分は歌えない」と考えるのか？　それは、この行為が別の言い方、つまり「しゃべっている」と言われてきたからだ。

〈証拠その三　あなたはすでに楽器を一つ演奏している〉

生まれてからずっと、あなたはある楽器を使ってきた。それは声だ！　あなたの声は、驚くべき複雑さを備えた楽器である。声は、唇、口、舌、喉頭、肺、横隔膜、歯、骨、頭蓋骨のあらゆる空洞によって組み立てられるのだ。

無数の機能部分から成り立っており、それに比べたら、ヴァイオリン、ギター、ピアノ、オルガン、シンセサイザーなどのどんな楽器も色あせてしまう！　そして、あなたは生まれてからずっとその声を奏で、創り上げてきたのである！

〈証拠その四　あなたの二つ目の楽器〉

あなたがこれまで使ってきた楽器は声だけではない。別の楽器も使ってきた。それは耳である。耳はもう一つの驚くべき楽器であり、人間が作ったどの楽器よりもはるかに複雑で精巧だ。何千もの可動部分から成り、目と同様の創造的可能性を持っている。

あなたが口ずさんできたメロディー、あなたが耳にしてきた曲や旋律《せんりつ》、あなたがそれに合わせて踊ったり、憧れたりしてきたポップスやロック、ナチュラル・ミュージック、あなたの心を奪ってきた協奏曲や交響曲、これらはすべて、あなた自身が演奏し、再現してきたのだ。

あなたは目を使って無数の芸術的傑作を創造してきたが、同じように、「耳」という楽器を使って、あらゆる歌や曲の音を一つ残らず再現（記憶）してきた。それはかつてあなたが聴いた歌や曲であり、脳が自分の膨大な音楽コレクション用に再現しようと決めたものなのだ。

努力の音楽家——ベートーヴェン、モーツァルト、バッハ

よくこのような神話を耳にする——「偉大な創造的音楽家は生まれながらの音楽家だ」「大音楽家は母親の子宮から曲を作りながら生まれてきた」

どれも真実とは程遠い！

一七七〇年、**ベートーヴェン**は音楽家に生まれたのではなく、音楽の世界に生まれてきた。親類のほとんどは歌手やピアニストや器楽奏者で、父親は息子にできる限り最高の音楽教育を受けさせようと必死だった。その結果、ハイドンら、当時を代表する大音楽家のもとで勉強をすることになる。「最高が最高を生む」という例だ。

ベートーヴェンが暮らす街では、音楽は非常に身近な存在となっており、それは街頭音楽士、お祭り、演奏会や家庭での音楽の夕べ、地元の教会で定期的に行われる演奏会といった形で表れていた。

あなたが「言葉」という言語の使い方を学んだときのように、同じやり方、同じペース、同じ熱心さで、ベートーヴェンは「音」という言語を学んだのだ。赤ん坊や子どもの脳は、どれだけの時間を費やして言語を学び、話し方を練習しているのだろう？　また、あなたは毎年どれだけの時間を費やして言葉を使っているのだろう？　ベートーヴェンが発揮した努力はまさにこれに匹敵するものだったのだ！

モーツァルトも、交響曲を作りながらこの世に生まれてきたわけではない。プロの音楽家レオポルド・モーツァルトの末息子として生まれた。父親はザルツブルク大司教のもとで音楽監督を務めており、ベテランの教師でもあった。

若きモーツァルトは、考えられる限り最高の家庭教師陣から毎日のように音楽という言語を教わった。また、自分が選んだ創造的表現の分野で驚異的な努力をしている。彼は一日一八時間も働いていたそうだ。

ヨハン・セバスチャン・バッハも多作で、桁外《けたはず》れの作曲家だった。また、彼もこれまでずっと「生まれながらの天才」と見なされてきたが、「生まれながらの天才」が「勤勉家」と同義なら、彼は抜きん出た天才だ！

一六八五年、バッハは、家族のほとんどが音楽家という家庭に生まれた。家族全員から音楽を教わっていたが、中でも、オールドフでオルガン奏者をしていた兄ヨハン・クリストフからオルガンとクラビーアを習い、兄の弾き方を真似た。

バッハ一族には、知識を交換し、教え合う伝統があり、一八四〇年代までに七〇人の音楽家を輩出している！　これは「遺伝的勝利」ではなく、一族の伝統と相互教育の勝利であり、ヨハン・セバスチャン・バッハでそれは頂点に達したのだ。

バッハは「創造的生産性」と言うべき目標を自分自身に課していた。その一つは、カンタータ（独唱と、通常は合唱、管弦楽で構成された中程度の長さの曲）を毎週一曲書くことであり、具合が悪くても、ひどく疲れていてもそれは続けられた。彼は弟子たちに「私と同じぐらいの努力をすれば、誰でも私のようになれる」と言ったそうだが、これは控えめな発言だ。「同じぐらいの努力」とは、毎日一〇時間から一八時間働き、それを六〇年近く続けることを意味するのだ。合計三二万八五〇〇時間！

さあ、これであなたにも生まれながらの創造的音楽性があるという紛れもない証拠ができた。さっそく創造力トレーニングを開始し、音楽セッションを満喫しよう！

◆◆◆創造力トレーニング◆◆◆

1．歌う！

もう一度（あるいは引き続き、心から楽しんで！）浴室で歌ってみよう！　もしも誰かが文句を言ったら、その人から歌が上手くなるアドバイスをもらおう！

2．踊る！

ダンスは、持って生まれたリズム感や、素晴らしい創造的音楽性を自然に表現する手段である。ディスコ・ダンスから、（脳や心臓にも良い）エアロビクス・ダンス、ジャズ・ダンス、社交ダンスに至るまで、ありとあらゆるダンスに挑戦しよう。

ダンスをするときは（回数は多いほど良い）、新しい動きやリズムやフォームに挑戦し、それを習得し、自分の創造力をさらに解放するようにしよう。

3．楽器をもう一つ調達する

楽器店に出かけ、商品をゆっくり眺めてみよう。そして、ティン・ホイッスルやボンゴなど、シンプルな楽器を買ってみてはどうか？　ギターやキーボードは、非常に人気のある楽器だ。

また、頭の中の楽曲ライブラリーを増やすと同時に、楽器としての耳をより洗練させるために、様々な国の音楽を聴いてみるとよい。世界が素晴らしい創造的音楽性に満ちた場所であることがすぐにお分かりいただけるだろう。この方法は、すべての人に音楽性があり、創造的音楽の表現形式は無限だという認識を強めてくれるのだ。

4．すべての音は音楽である

自分が創造的音楽家であることを常に思い出すようにしよう。鳥のさえずりを耳にしたら、彼らがお手本を真似、たゆまぬ努力でそれを習得したことを思い出そう。歩いたり、走ったりしているときも同様に、自分が「ボディー・ミュージック」を奏でていることを思い出すのだ。

いらいらして指をいじり回したり、机をコツコツ叩いたりするときは、自分がパーカッション奏者であることを実感しよう！　しゃべっているときには、自分が歌っていること、たいがいはデュエットやカルテットで歌っていることを思い出そう。

何かにものすごく腹を立て、自分が叫ぶ言葉に合わせて（徐々にクレッシェンドし、体の動きを見事に強調するリズムで）テーブルを叩いたり、地団駄《じだんだ》を踏んだりするときは、すべての言葉が自分の思ったとおりに、はっきりと発せられ、目論見《もくろみ》どおりのボリュームで最大の効果を発揮し、正確なビートとリズムで叩き出され、意味、声の高さや大きさ、シンコペーションによって、きちんとコントロールされていることを思い出そう！

言い換えれば、あなたは歌っているのだ！　もしもベートーヴェンがあなたと一緒に仕事をすることになり、金管楽器、木管楽器、弦楽器をすべてそろえた、勢いのあるオーケストラを作ったとしたら、あなたはまったく独創的なオペラのアリアを歌ったことだろう！

5. 歌ったり演奏したりするチャンスを逃がさない

自分が創造的音楽家だと分かったのだから、今度はその創造力を表現するあらゆるチャンスを捕えよう。クラブ・ソングや国家が歌えるスポーツ・イベントに行くのもよいだろう。カラオケもいい。ただし、じっと座って聴いているのではなく、立ち上がって歌うのだ！　最初は

「なんてお粗末なんだ」と思うかもしれないが、あきらめずに続けていれば、だんだん良くなっていく。

クラブやパーティーでは、そこで演奏される音楽に合わせて歌ってみよう。家にいるときは、ラジオやCD、あるいはテレビのテーマ曲に合わせて歌ってみよう。

小さい子どもがいる人は、音が出る物を何でも（鍵、フライパン、しゃもじ等々）使って、彼らと即興演奏を楽しもう。子どもも、そしてあなたも、この遊びが大いに気に入るはずだ。

6．音楽教室に参加する

今のレベルにふさわしい教師を見つける目安は次のとおり。

- どんな楽器を習うにしろ、技術があって、経験豊富な教師を見つける。
- 習いたい音楽がどんな形体であれ、あなたならできると固く信じてくれて、熱心に、前向きな姿勢で取り組んでくれる教師を見つける。

また、地元の音楽同好会や合唱グループに入ってみるのもよい。きっと、励みになり、やりがいも感じられ、人生を変える体験になるだろう。

誰もが生まれながらの創造的音楽性を備えているという事実が分かった今、このグッドニュースを広めようではないか！

友人や同僚の中に「自分には創造的音楽性がない」という例の論理を持ち出す人がいたら、本書で学んだ情報を使って、彼らを孤独で、単調で、歌のない牢獄から救い出してあげよう。そうしているうちに、あなたの周囲には、歌い、踊り、楽器を演奏する音楽家がだんだんと集まってくるようになる。この人たちはあなたの人生を、さらに「交響的」にしてくれるのだ！

第9章

連想の天才だった頃に戻る！

子どもの心で世界を眺める

人は成熟するにつれ、より若々しくあるべきだという点を肝《きも》に命じておいてほしい。つまり、あなたは歳を重ねれば重ねるほど、幼くならなければいけないのだ！

アインシュタインは大きな子どものような人だった。頭の中はいつも自分が探求する宇宙への驚きに満ちあふれ、空間、時間、宇宙、神の本質について、純粋かつ明白な、核心を突く質問をしていた。

科学史におけるもう一人の大いなる巨人であるニュートンは、まじめで、恐ろしいほど論理的で、理性的で、近寄り難い科学者の典型だと思われていた。

しかし、本人は「自分は浜辺をぶらぶらする少年に過ぎないと思っている」と述べている。彼はときどき、きれいな新しい貝殻を見つけて喜んだり、七色に光る石を見つけてうっとりしたりしていた。大いなる海が浜辺を洗う傍《かたわ》らで、この少年は遊んでいたのだ。

ニュートンにしてみれば、まさにこの美しい貝殻やきらめく石が核心を突く理論であり、深い洞察だった。大きな海は真実の海であり、その真実を彼は懸命に探求していたのである。

大人になるとは創造力から遠ざかること……

近頃、アメリカで気がかりな実験が行われた。年齢の異なる人々が潜在的創造力をどの程度活用しているかを調べる実験だ。幼稚園児、中学生、高校生、大学生、成人を対象に、創造力の「発達度」を調査するいくつかのテストを行い、活用された潜在的創造力の程度を測定したのだが、結果は下の表のように大変ショッキングなものだった！

本書の「卒業」を間近に控えたあなたなら、理由はお分かりだろう。子どもが成長するにつれ、本書で論じてきたあらゆる事柄は彼らの生活から少しずつ削り取られ、最後には創造力の抜け殻しか残らないのだ。

年齢層	活用された創造性の割合
幼稚園児	95〜98パーセント
中学生	50〜70パーセント
高校生および大学生	30〜50パーセント
成人	20パーセント以下

箱に入れ、箱から出し、箱に戻す

これまで私たちは、自分のあらゆる考えを「箱にきちんと入れる」訓練を受けてきた。今や、教育やビジネス研修の大半は、自分を「箱から出す」ことに時間を割く傾向にあり、あるレベルにおいて、本書はあなたが「箱から出る」お手伝いをしてきたと言える。

しかし、ここでは私たちの創造的思考ツールの一部を使い、違う観点でこのことを検討してみよう。

お祝い事や記念日の集まりで、親御さんたちがよく口にする愚痴《ぐち》がある。それは素晴らしいオモチャをプレゼントされた幼い我が子の反応に関する、こんな愚痴だ。

「これは一〇〇ポンドもしたすごいオモチャで、最新式の装置や仕掛けがいろいろついてるんだ。それなのに、うちの子ときたら、一五分遊んでポイ。今はオモチャが入っていた箱で遊んでるよ！」

なぜこんなことが頻発するのか？　よく考えてみよう。

子どもの脳は驚くほど創造的であるため、新しいオモチャがどんなものかすぐに分かってしまう。オモチャがいくつかの基本動作をすること、通例それが反復運動であることを理解し、それを楽しみ、興味の対象を次に移していくのだ。次の対象とは何か？　オモチャよりはるかに面白いもの。つまり箱である。

子どもにとって、箱はどのような存在なのか考えてみよう。箱とは……

- 恐竜時代に連れていってくれるタイムマシン
- 宇宙の果てに連れていってくれる宇宙船
- 洞穴
- 車
- ボート
- 秘密の隠れ家

無邪気な創造的イマジネーションを働かせれば、あなたも子どもが好みそうな箱の想像的活用法を二〇個は考えられるだろう。今すぐ、それを書き留めるのだ。

ではここで、現代の傾向を逆転させることにしよう。頭の中にあるものを箱から出すのではなく、箱に入れ戻すのだ。そこは無限の創造的イマジネーションに満ちた遊び場である。ただし、私たちが子どものように遊び方を知っていればの話だが……。

従来の創造的思考体系では、「箱の中」にいるのは悪いことで「箱の外」に出るのは良いこととされる。しかし子どもの観点で考えると、想像力がある限り、「箱の中」にいるときは、すでにそこから「出て」いるのだ。つまり、本書を新たな視点で見てみると、箱の中にいようが、外に出ようが、うまくいくのだと理解できるだろう！

したがって、これからの人生は二つのお手本に倣って創造力を育み、発展させていくことができるのだ。そのお手本とは、レオナルド・ダ・ヴィンチと子どもである。

最後のトレーニングは子どもの遊びで楽しもう！

◆◆◆ 創造力トレーニング ◆◆◆

1．ひたすら見つめる

子どものように物事をじっと見つめよう。子どもが何かを見つめているとき、彼らの目はあらゆるものを一つ残らず吸収している。そうやって蓄えられた情報は、後々彼らの豊かで創造的なイマジネーションに活用されるのだ。

2. 話を聴く

子どものように、いろいろな話を探し、話をしてくれる人を見つけ、夢中になって耳を傾けよう。子どものように目を見開き、オープンな心で人の話を聴いているうちに、空想世界は豊かさに満ちあふれ、将来の役に立ってくれるのだ。

3. お話を作る

自分の創造的イマジネーションに完璧な自由を与えれば、子どもと同じように、素晴らしいおとぎ話やファンタジーを作り上げることができる。

4. 食べ物で遊ぶ

私たちはよく子どもに「食べ物をオモチャにしてはいけません」と注意をする。なぜ子どもは食べ物で遊ぶのか？　空想的で、五感を刺激する楽しさがあるからだ！　私たちが「食べ物をオモチャにしてはいけない」と言うとき、実は「食べ物を楽しんではいけない」「シェフになってはいけない」と言っているも同然なのだ。

料理は世界で最も人気があり、愛好者が急増している趣味の一つだ。喜ばしいことに、ますます多くの「子どもたち」が子どもの足跡（手跡）を追っている。彼らの後に続こう！

5．子どもと遊ぶ

次に子どもと遊ぶときは（すぐに、何度もやるべきだ！）、大人が一緒に遊べるゲームを用意するのではなく、彼らを完全なリーダーにして遊んでしまおう！　肉体はもちろん、自分の創造力が無限に伸びていくのが分かるだろう！

6．新しいことを学ぶ

子どもの生活は、その一秒一秒、一日一日が途切れることのない学習と経験で満たされている。自分の中にこの態勢を再現し、さらに多くのものを探求し、学習しよう。この習慣を生涯を通じて再開発していけば、人生のあらゆる側面がより創造的になり、充実していくだろう。

7．自分にちょっとしたごちそうをする

子どもたちにとって最大の楽しみは、三つのフレーバーを盛ったアイスクリームや、皮がパリパリした焼きたてのパンなど、ちょっとしたごちそうをもらうことだ。あなたが「いい子」

でいられたら、ささやかな、それでいて楽しく、満足できるようなごほうびを自分に与えよう。

8. 「キッズ用キット」を利用する

子どもが巨大な知識の山に登るときに使う「キット（道具一式）」がある。その基本内容は、「これは何？」を始めとする「質問フック」だ。子どもは絶えず「なぜ？」「誰？」「どこ？」「何？」「いつ？」と、質問ばかりしている。伸び盛りの小さな脳は直観的に理解しているのだが、質問に対する答えが様々な連想をもたらし、人生を歩むにつれ必要になる知識の巨大地図を作り上げていくのだ。子どものように、できるだけたくさん（そして、できるだけしつこく）質問をしよう。

9. 最低五回、「なぜ？」「どうして？」と質問する

創造的な視野を広げるエクササイズとして、「なぜ？」「どうして？」を五回尋ねる習慣をつけよう。最初の質問をすると、それに対する答えが一つ返ってくる。次に、その答えに関する質問をもう一度するのだ。こうすることで、想像力と知識の蓄えは嫌でも増え、あなたは物事をより深く探求するようになる。このような質問を五回繰り返そう。そうすれば、自分が現時点での知識の限界に到達していること、さらに、想像や、創造的思考や、問題解決に必要な知

識領域に進みつつあることを常に実感できるだろう。

10. 永遠に子ども

誰が何と言おうと（あなた自身がどう思っていようと）、あなたは、本当は子どもであり、これまでも子どもだったのだ。

- 地球でいちばん物覚えのよい学習者は？
- 地球でいちばん多く質問をする人たちは？
- 地球でいちばん粘り強い人たちは？
- 何にでも興味を示す人たちは？
- いちばん活動的な人たちは？
- いちばん官能的な人たちは？
- いちばん単純なものをいちばん楽しむ人たちは？
- 物事をいちばん斬新な目で見る人たちは？
- いちばん独創的で思いがけない連想をする人たちは？
- 脳の両側を使う人たちは？

●地球でいちばん創造的な人たちは？

答えはすべて「子ども」だ！

さあ、あなたも再び彼らの仲間入りをしよう！

卒業――おめでとう！

これであなたも、本書の卒業生となった。今や仲間は、世界中に広がっている。自分が今、信じられないほど有利な地位にいることを考えてみよう。

●不思議な右脳、左脳に関する知識を完全に掌握《しょうあく》しており、その相乗的脳力の発達に、すでに拍車をかけ始めている。
●世界最高の頭脳用アーミーナイフ「マインド・マップ」の原則を理解・熟知しており、あらゆる創造的思考、問題解決をする場面でそれを活用することができる。
●創造力や、思考の速度とパワーは高められることに気づき、この領域で自分に無限の脳力があることを実感している。
●創造的柔軟性の本質を実感するうちに、自分が思ったよりずっとユニークでかけがえのない存在であることも実感した。そして、さらに独創的かつ特別な存在になろうとして、旅を続けている。

●詩人としての心を解放し始めたところで、究極の創造的天才である子どもの目で万物を見ている。

●芸術的パワーを爆発させ、想像し得るあらゆる方法で自分の人生を向上させている。

●音楽家としての自分に磨きをかけ、まったく新しい「言葉」をいつも手元に（そして、脳元に！）置いている。

あなたは以上のことをすべて成し遂げた。その間、本書を読みながら、徐々にこう実感したはずだ。「自分の両耳の間に世界最高の連想マシーンがある」。その**連想マシーンとは、びっくりするほど素晴らしい、無限の創造力を有する人間の脳**だ！

創造的未来へと続く旅路であなたのお供をするのは、**偉大なる創造的天才たちと、花開いたあなた自身のエネルギー**と、**創造力**である。

どうか楽しいご旅行を！

トニー・ブザン・インスティテュートからあなたへ

創造性というと、クリエイティブな仕事に関わる人にのみ必要な脳力だと思われがちである。しかし、創造性とは、単に絵を描いたり、楽器を演奏したりする力を指すのではない。あなたが下すあらゆる決断に創造性は発揮されるのである！　つまり、すべての人にとって必要な脳力なのだ。そして、すべての人に生まれつき備わっている脳力なのである。

ただ、多くの人は、その脳力に気づいていない。

また、絵を描くことや歌を歌うことに対して苦手意識を持つ人はたくさんいる。

なぜなのか？

トニー・ブザンはその疑問に答え、絵を描くことも歌うことも決して難しいことではなく、子どもの頃は誰もが自然とそれを行っていた、という事実に気づかせてくれる。

本書には驚くべき新事実、楽しいゲームやツールが満載である。これを頼りにあなたの創造性を最大限に引き出してほしい。創造性が発揮できれば、あなたは活力と熱意とアイディアに満ちた人になれるだろう。

トニー・ブザンは、ブザン・センターを通して、書籍だけでなく、自身の研究の集大成であるプログラムを開発し世界に普及している。それは多くの欧米トップ企業や有名大学などの教育機関などで取り入れられ多大なる成果をあげている。

日本のトニー・ブザン・インスティテュートでは、ブザン・センター公認のインストラクターによるセミナーのほか、このプログラムを日本人向けにアレンジした「スーパーブレイン・プログラム」を取り扱っている。セミナーは実に楽しいもので、ただ講師の話を聴くだけではなく、公認インストラクターの実践指導があり、実際にマインド・マップを作るほか、記憶術を高める方法やジャグリングなど体を動かす方法も取り入れた参加型のセミナーになっている。

しかしセミナーに参加することが容易でない人も多いだろう。その方は世界最高水準の「スーパーブレイン・プログラム」を大いに活用してほしい。このプログラムを活用していただければ、世界のトップ企業や有名大学でしか学べないマインド・マップを、自宅にいながら手軽にマスターできる。そればかりか、あなたの内に眠る潜在脳力を最大限に発揮することが可能になるのだ。

「スーパーブレイン・プログラム」はマインド・マップを軸にして、高速音声で情報を送り込むことであなたの脳を刺激する科学的脳力開発法「速聴」を組み合わせ、トータルに効率よく脳力活性を行うものである。実践的な学習ができるように、「聴く」CD、「見る」ビデオ、「実践する」ワークブックが入っていて、具体的にマインド・マップ法を体得できる仕組みになっている。

書籍だけではなかなかマインド・マップを使いこなせていない人々にとって、有効な活用ツールとなるはずだ。後のページでも紹介しているので、目を通していただければと思う。「スーパーブレイン・プログラム」についてさらに知りたい場合には、差し込みのハガキをお送りいただければ、詳しい資料がお手元に届けられる。本書と併せてぜひご活用していただきたい。

人生はたった一度しかない。読者の皆様が、本書にある創造的なアイディアを基に、ご自身の潜在脳力をフル活用されて、生き生きと豊かな毎日を送られることを願ってやまない。

二〇〇三年七月

トニー・ブザン・インスティテュート　田中　孝顕

世界のトップ企業が認めた成果を、自宅にいながら実感できる！
スーパーブレイン・プログラム®

◆脳の働きをそのまま表現する「マインド・マップ」

ほとんどの人は、頭脳の三パーセントほどしか使っていないと言われています。つまり残りの九七パーセントは使われずに眠ったままなのです。しかし、脳のちょっとした使い方を知るだけで潜在脳力は引き出されます。それぞれ役割の違う右脳と左脳を共鳴させることで、潜在的な知性を引き出すことができるのです。

トニー・ブザンは三〇年以上に渡り「閉ざされた脳力を全開させる効果的な方法」について研究を行いました。そして、脳細胞が外からの刺激や情報に対して、放射状に反応して記憶・思考・創造していく仕組みに着目したのです。

全脳力を発揮するには、その脳の働きをそのまま放射状に表現し、記録していけばいいのではないか。この観点から開発されたのが「マインド・マップ」です。

◆全脳力を一〇〇パーセント引き出すプログラム

「マインド・マップ」を中心としたトニー・ブザンの研究の集大成が「スーパーブレイン・プログラム」です。

同プログラムは全脳を活性化しながら、「マインド・マップ」のあらゆる状況への応用の仕方や、トニー・ブザンが開発した「超記憶術」「超速読術」「超計算術」などのスキルを、CD・ビデオ、そして「速聴®」を組み合わせてトレーニングすることができます。

「速聴」とは、高速音声を繰り返し聴き、全脳活性のゴールデンスポットといえる「ウェルニッケ中枢」を刺激し、大脳全体を活性化させる画期的なトレーニングです。

「スーパーブレイン・プログラム」のCDを「速聴」専用の「速聴機」で高速再生させ繰り返し聴くことで、その成果を圧倒的に早く、より大きく引き出すことが可能になります。

◆世界のトップ企業、名門大学が採用

トニー・ブザンのプログラムは、これまでに世界的な大企業や欧米のテクノクラートの間で圧倒的な支持を受けています。

特に「マインド・マップ」はIBM、ボーイングエアクラフト社、英国政府、オックスフォード大学、ケンブリッジ大学など、世界中の企業、教育機関にも取り入れられ大きな成果をあげています。

社員教育に採用したボーイングエアクラフト社のマイク・スタンリー博士は、「マインド・マップは私が統括している〝質の向上プログラム〟の重要な一部を構成している。そのプログラムのおかげで、一年間で一〇〇〇万ドルを超える経費削減に成功した」と語っています。

◆あなたの自宅で即実践、即成果！

スーパーブレイン・プログラムは、世界で認められた「マインド・マップ」を自宅で簡単に実践できるプログラムです。実践すれば次のような素晴らしい成果が期待できます。

◎右脳・左脳の脳力を引き出し、記憶力・創造力を驚異的に高めます。
◎人生の方向や自己管理がスムーズにできるようになります。
◎ビジネスの企画やアイディア開発が、楽にできるようになります。
◎経営判断や経営戦略を自信を持って立てることができるようになります。
◎人生・仕事などの局面に、臨機応変に対応する脳力が備わってきます。
◎人との対応や、人前での講演・スピーチなどが自信を持ってできるようになります。
◎人間関係のトラブルを解消する脳力が備わってきます。
◎講義・セミナー・会議で、効率的で役立つ記録ができるようになります。
◎教育での学習効果が見違えるほど上がってきます。

[マインド・マッパーズ・ガイド… CD 8 ディスク]
「マインド・マップ」を仕事や日常生活で実際に使いこなし、人生を積極的に変えていく方法を事例を通して具体的に学んでいきます。

SESSION1：マインド・マップ活用で成功をつかめ
SESSION2：経営への活用方法
SESSION3：ノート・テイキングへの活用法
SESSION4：放射思考法
SESSION5：原稿執筆法
SESSION6：グループで行うマインド・マップ技法
SESSION7：プレゼンテーション技法
SESSION8：輝かしい未来――知性革命の世紀へ

●ヴィジュアル・プログラム
脳は視覚的な働きかけに最も強く反応し、その力を全開に近づけていきます。ビデオはまさにその理論を凝縮したもの。「マインド・マップ技法」が実際に目の前で指導を受けているように分かりやすく紹介され、誰でも完璧にその方法やコツをマスターできます。ビデオのほか2冊のワークブックがついています。

[マインド・フォース1… ビデオテープ1巻]
トニー・ブザンが自ら出演し、右脳・左脳の働きや全脳をいかに使いこなすかのテクニックを手ほどきします。「マインド・マップ」を使った会議やセミナー、電話のやりとりのノート法、行動計画や販売促進計画、財務計画などに「マインド・マップ」を応用するための技術が身につけられます。

[マインド・フォース2… ビデオテープ1巻]
「マインド・マップ」を実際のビジネスに応用する方法を学びます。スケジュール管理やスピーチ、プレゼンテーションなどのテクニックや「グループマインド・マップ」を身につけられます。

[マインド・フォース3… ビデオテープ1巻]
日本のプログラムユーザー向けに特別に作成されたプログラムです。日本の社会やビジネスシーンに合う形での日本語の「マインド・マップ」の書き方を身につけられます。

[4倍速CD「速聴機」：4 GX-M200R®… 1セット]

スーパーブレイン・プログラムの構成

プログラム全般に「見て」「聴いて」「読んで」「書いて」「作って」理解を深めるという人間工学的な工夫が施され、ＣＤやビデオやマインド・マップ実践ツールなどを使って実際に「マインド・マップ」を作成することができるようになります。個人の潜在脳力アップはもちろん、企業や教育機関での脳力開発のツールとしても威力を発揮します。

●オーディオ・プログラム

聴力に訴えることも、脳を刺激し脳力を全開に導くための有効な方法です。脳の仕組み、潜在脳力アップ法、放射思考を身につけるマインド・マップの理論と実践などが、CD全24ディスクにわたって詳しく分かりやすく説明されています。CDのほか3冊のワークブックがついています。

[ブレイン・フォース… CD 8 ディスク]

トニー・ブザンと受講生の対話形式で脳力開発法が具体的に語られます。

SESSION1：あなたの脳が持っている驚異的脳力
SESSION2：あなたの潜在脳力を発揮させる
SESSION3：効果的な聴き取り術入門編
SESSION4：効果的な聴き取り術応用編
SESSION5：あなたの誤った習慣を変える
SESSION6：人生設計のためのハンドブック
SESSION7：超強力記憶術入門編
SESSION8：超強力記憶術応用編
SESSION9：速読と効果的な読書術応用編
SESSION10：速読と効果的な読書術入門編
SESSION11：超計算術入門編
SESSION12：超計算術応用編
SESSION13：マインド・マップ入門編
SESSION14：マインド・マップ応用編
SESSION15：情報管理術入門編
SESSION16：情報管理術応用編

[マインド・マッピング®… CD 8 ディスク]

「マインド・マップ」の全貌を知り「マインド・マッピング技法」を体得するまでの実践ガイドです。

SESSION1：あなたのバイオコンピュータを駆使する
SESSION2：マインド・マップ──放射思考を表現する
SESSION3：マインド・マップ──基本ルール
SESSION4：アイディア整理・選択・決定編
SESSION5：記憶・創造的思考編
SESSION6：自己分析・問題解決編
SESSION7：ビジネス活用編
SESSION8：家族・教育編

[著者] **トニー・ブザン**

1942年、ロンドンに生まれる。心理学、英語、数学、一般科学の最優秀生としてブリティッシュ・コロンビア大学を卒業。デーリー・テリグラフに勤務するかたわら、MENSA（高IQ協会）の国際機関誌の編集に3年間携わる。その後、究極の独創的思考ツールと評される「マインド・マップ」を開発。“ブレイン・トラスト”“ブレイン・クラブ”の創設者。“知的読み書き脳力”の生みの親としても知られる。頭脳・創造性・学習に関する著書に『頭がよくなる本』（東京図書刊）、『人生に奇跡を起こすノート術』『自分を天才だと思える本』『どんどん右脳が目覚める！不思議なノート法』（いずれも、きこ書房刊）などがあり、世界100カ国、30の言語で出版されている。また、テレビ、ラジオ番組、ビデオプログラムを数多くプロデュース、出演し、国際メディアスターとしてもその名を馳せている。現在、複数の政府機関、多国籍企業のアドバイザー、大学その他の教育機関レギュラー講師など、その活動は多岐にわたり、数々の賞を受賞している。

[訳者] **田中孝顕（たなか・たかあき）**

1945年1月、生まれ。国学院大学法学部卒。総理府（現・内閣府）事務官（公正取引委員会事務局＜現・総務省／公正取引委員会＞）、東急不動産（株）企画部、総務部を経て、1973年4月、SSI人材活性研究所を設立。1979年2月、エス・エス・アイ人材活性研究所＜商号はその後、エス・エス・アイに変更＞を創業し、代表取締役社長・最高経営責任者に就任。エス・エス・アイグループの総帥として脳力開発の最先端を走り続ける。SSPS-V_2システムを開発、ナポレオン・ヒル・プログラムその他、各種プログラムを翻訳・開発した。速聴機を企画・開発し、ギネスブックに登録される。著書に『人生が驚くほど逆転する超行動力！』『決定版・聴覚刺激で頭の回転が驚くほど速くなる』『SSPS-V_2システム機械的成功法』など。訳書として『オックスフォード大学ドラヴィダ諸語語源辞典』『古代ローマ一千年史』（共訳）、『思考は現実化する』『成功哲学』『人生に奇跡を起こすノート術』『自分を天才だと思える本』など多数。1999年4月、財団法人日本ボーイスカウト東京連盟維持財団評議員に就任。2002年11月、米国ナポレオン・ヒル財団の上級顧問（シニア・アドバイザー）、ナポレオン・ヒル財団アジア／太平洋本部理事長に就任。

＜本書へのお問い合わせ＞
〒163-0264
東京都新宿区西新宿2-6-1
新宿住友ビル 36階㊦23号
トニー・ブザン・インスティテュート
電話 03-3343-5791
※お問い合わせの際には、お手数ですが、「『あなたのアタマから嫌でもアイディアが飛び出してくる!』を見て」とお伝え下さい。

[装丁] 宮本久美子(きこ書房)
[本文レイアウト・DTP制作] メイフラワ・岩野彩子
[翻訳協力] 株式会社バベル・岡本千晶
[編集] 元木優子(きこ書房)

あなたのアタマから 嫌《いや》でもアイディアが飛《と》び出《だ》してくる!

2003年8月26日　初版1刷発行

著　者 ………… トニー・ブザン
訳　者 ………… 田《た》中《なか》孝《たか》顕《あき》
発行者 ………… 寺岡雅己
発行所 ………… きこ書房

〒163-0240
東京都新宿区西新宿2-6-1　新宿住友ビル40F
電話03(3343)5364　振替00140-4-65541
ホームページ　http://www.kiko.shinjuku.tokyo.jp/

印刷・製本　株式会社シナノ

 ISBN4-87771-103-1
Printed in Japan

きこ書房　話題の本

どんどん右脳が目覚める！不思議なノート法

トニー・ブザン
田中孝顕訳

中心から放射状に書くだけ！　左脳だけではなく右脳も使って書くだけで全脳を刺激するノート法「マインド・マップ」解説の決定版。これで、仕事も家庭も恋愛もすべてうまくいく。

本体1100円

人生に奇跡を起こすノート術

トニー・ブザン
田中孝顕訳

ノート作成時間を50～95％も短縮！オックスフォード大、ケンブリッジ大の講義のほか、欧米トップ企業が社員教育にも採用しているノート法とは？

本体1500円

自分を天才だと思える本

トニー・ブザン
田中孝顕訳

あなたの使っていない脳力を引き出す10の方法。すべての人に自信と勇気を与える、マインド・マップの開発者トニー・ブザンの自己開発書、決定版！

本体1400円

3週間でＩＱぐいぐい

ジーン＝マリー・スタイン
角敦子訳

言葉、視覚、論理、創造、身体、感情、6つの超ＩＱを鍛えて成功を手に入れよう！　学校では教えない、まったく新しい21の「脳力」トレーニング。

本体1600円

※別途に税が加算されます。

きこ書房　話題の本

こうすれば儲かる！

ブライアン・シャー
立木勝訳

他社がしていることは、絶対にするな！ オーストラリアのカリスマ・マーケッターが提案する、顧客を引きつけて離さないためのマーケティング戦略。

本体1400円

10年かかるところを2年でできる昇給昇進のための21の心構え

ブライアン・トレーシー
田中孝顕訳

ベストセラー『カエルを食べてしまえ！』の著者が明かす、もっと稼ぎ、早く昇進するために必要な21の心構え。携帯型チェック項目シートつき。

本体1100円

巨富を築く人、誰でも活用できるそのテクニック（前・後編）

ナポレオン・ヒル
田中孝顕訳

ナポレオン・ヒル博士が、大富豪アンドリュー・カーネギーから「成功」について教えを受けた最初のインタビューを再現。ナポレオン・ヒルを初めて読む人に。

本体各1400円

成功と自己実現の黄金律

ナポレオン・ヒル
田中孝顕訳

ナポレオン・ヒル博士が〝豊かさ〟をテーマにした唯一の本。「12の豊かさ」を獲得するための心構えが明らかになる。ビデオ付き。

価格1200円

※別途に税が加算されます。